INHALT

SCHLEIMER

STINKER

SAUGER

SCHLEICHER & KRABBLER

BEISSER

VORWORT

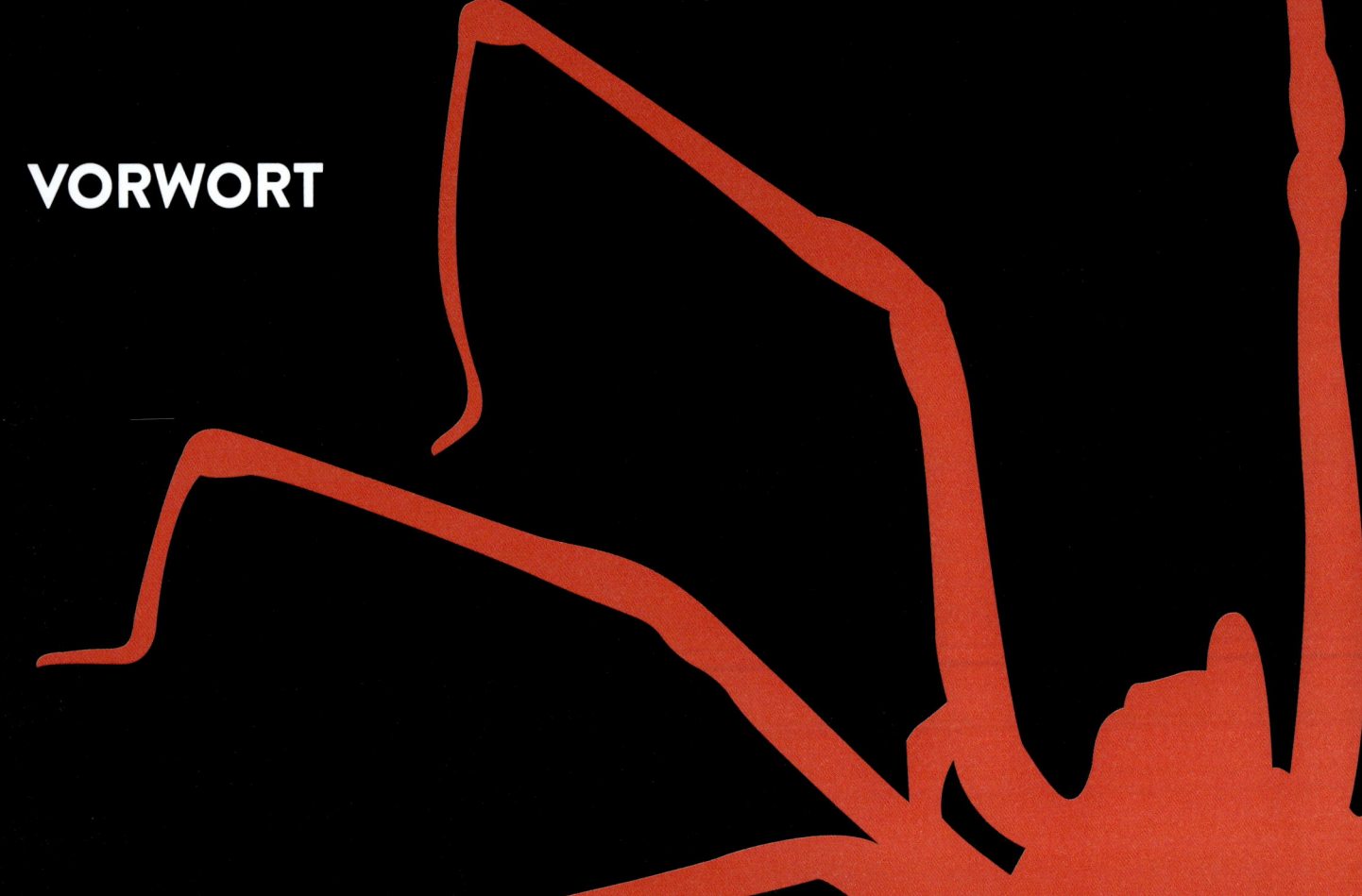

Liebe Leserinnen, liebe Leser,

vor welchem Tier gruselt es euch am meisten?
Und warum?

Als wir – Grafiker Ole Häntzschel und Journalistin
Katja Trippel – uns zum ersten Mal diese Frage stellten,
waren wir uns einig: Am gruseligsten finden wir Tiere,
von denen wir wenig wissen und die wir nicht sehen.
Wie zum Beispiel Fliegenmaden, die in Tomatendosen
für unsere Pizza schwimmen. What? Oh ja, wenn man
richtig guckt, findet man da einiges. Also haben wir für
euch recherchiert, wie viele Tierreste – Mäusehaare
oder Käferbeine etwa – in Lebensmitteln erlaubt sind.
Das Ergebnis findet ihr auf einer unserer „Grusel-Spe-
zial"-Seiten, guten Appetit!

Apropos Appetit: Oles Gruselkandidat Nummer eins
ist der Madenwurm. Ein Schmarotzer, getarnt als
Suppennudel. Klammheimlich dockt er sich in unserem
Darm an und legt Tausende juckende Eier. Habt ihr von
ihm schon mal gehört oder hat er euch gar heimge-
sucht? Dann tut ihr uns wirklich leid.

Ole: Auf eine Begegnung mit dem Darmwurm könnte
ich absolut verzichten! Aber mit zwei Kindern in der
Kita stehen die Chancen leider gut, dass es uns mal
erwischt. Kopfläuse hatten wir auch schon. Aus Rache
haben wir sie im Großformat ins Buch geholt und
klären über einige Läuse-Mythen auf. Vor welchem Tier
gruselt es dich am meisten, Katja?

Katja: Ich hatte lange richtig Angst vor Haien und
traute mich nie weit ins Meer. Das war bescheuert, weil
das Risiko, von einem Hai attackiert zu werden, minimal ist. Aber so ein Grusel ist ja immer eher ein Gefühl
als gut begründet. Vor ein paar Jahren kamen mir beim
Schnorcheln an einem Riff dann auf einmal zwei
Schwarzspitzenhaie entgegen. Noch bevor ich panisch
werden konnte, zogen sie entspannt und mit so lässiger

Eleganz an mir vorbei, dass ich meine Furcht verlor. Seither habe ich mich fast zum Hai-Fan gewandelt.

Ole: Fan würde ich mich noch nicht nennen, aber mir ging es ähnlich mit Ratten. Früher raste mein Puls, sobald ich eine vorbeiflitzen sah, und es schüttelte mich bis in die Haarspitzen. Das tagelange Beschäftigen mit dem Tierchen für dieses Buch, von der Fotorecherche bis zum Nachzeichnen, hat mich ein bisschen geheilt. Was Ratten alles können!

Katja: Welches unserer Gruseltiere würdest du denn gerne mal in echt sehen?

Ole: Seit meinen frühen Lucky-Luke-Zeiten faszinieren mich Geier. In Deutschland waren sie ausgestorben, doch seit Kurzem leben wieder einige in den Alpen. Diese Vögel in freier Wildbahn zu beobachten, fände ich großartig.

Katja: Ich habe Geier mal in Frankreich erlebt, daher kann ich bestätigen: Sie sind großartig. Und als Aasfresser sogar eine Art Umweltpolizei. Aber das Aas selbst stinkt zum Himmel, halte dir bloß die Nase zu!

Vielleicht geht es euch wie uns, wenn ihr durch dieses Buch blättert: Manche Tiere bleiben hochgradig unsympathisch – wir hätten da neben der Kopflaus etwa die Zecke im Angebot. Über einige ändert ihr eventuell eure Meinung, weil ihr neue, spannende Dinge über sie erfahrt; ein heißer Tipp dafür ist die Taube. Von wieder anderen wunderlichen tierischen Eigenschaften hört ihr sicher zum ersten Mal – oder wusstet ihr, dass Heringe pupsen, um sich zu unterhalten?

Wie und was auch immer euch warum gruselt – wir wünschen euch viel Spaß dabei!

SCHLEIMER

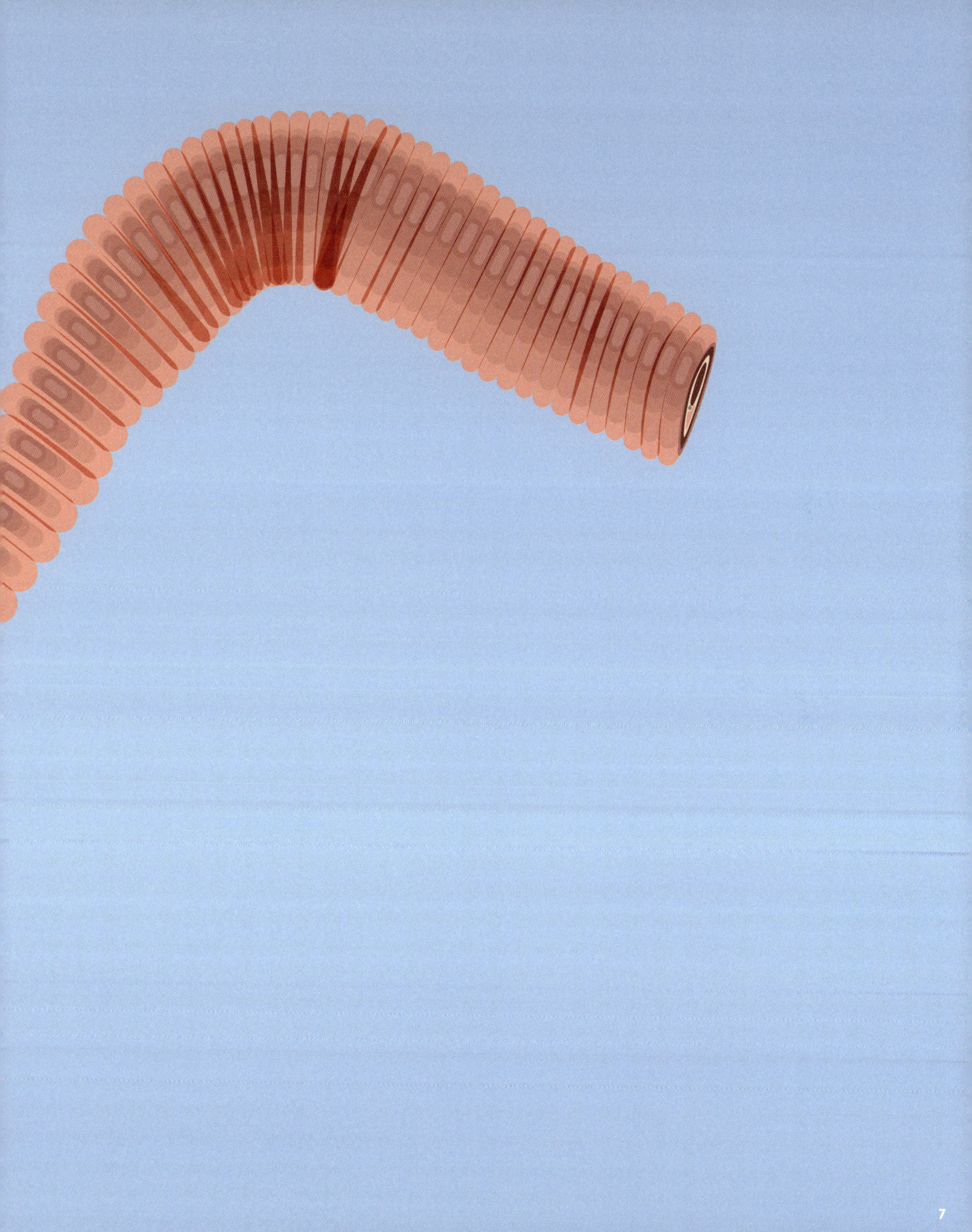

REGENWURM

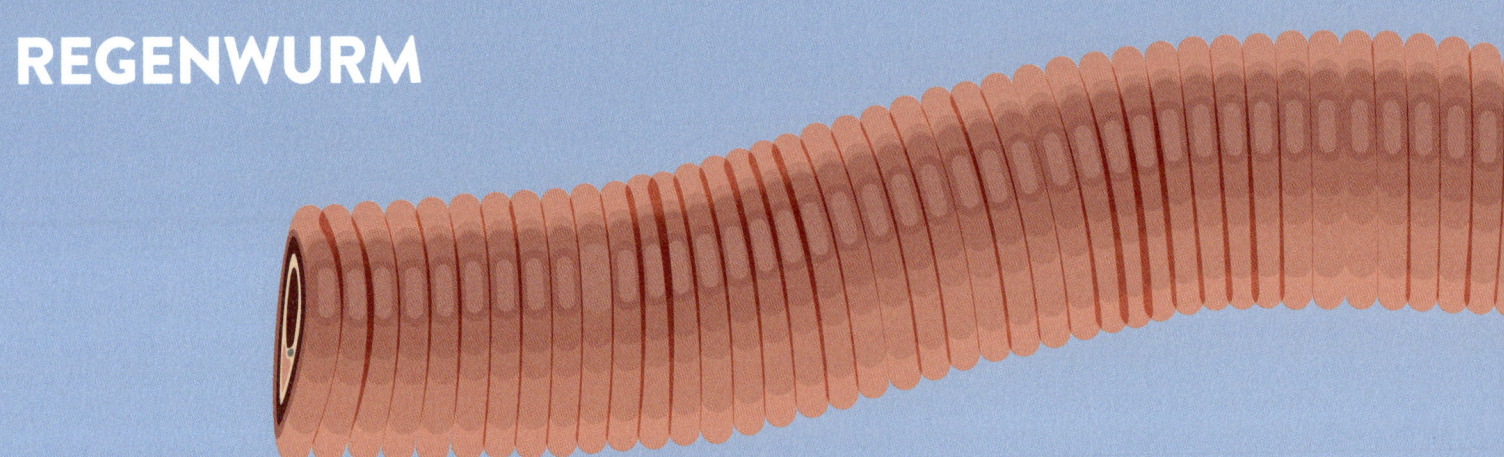

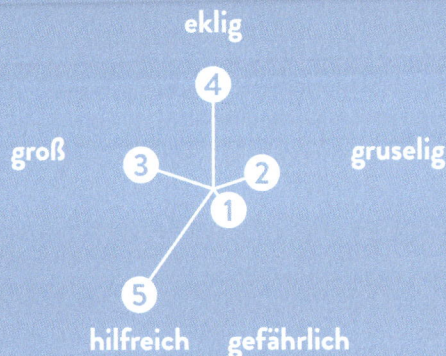

eklig

4

groß **3** **2** gruselig

1

5

hilfreich gefährlich

Der glitschige Gärtner

Ihr könnt es ruhig zugeben: Auch ihr habt schon mal einen Regenwurm zerschnibbelt und dann darauf gewartet, dass beide Hälften in entgegengesetzte Richtungen davonkriechen. Vielleicht haben auch eure Eltern erzählt, dass Regenwürmer sich durch Teilung vervielfachen? Nun, die Geschichte klingt cool, sie wird seit Ewigkeiten verbreitet, aber sie stimmt nicht. Oder sagen wir: Sie stimmt maximal zur Hälfte.

Regenwürmer sind Wunderwesen. Lang und glitschig, keine Augen, keine Ohren, keine Nase, dafür zehn Herzen. Atmen können sie über ihre Haut, die aus bis zu 180 ringartigen Segmenten besteht. Im Vorderteil, zwischen den ersten 40 Ringen, sind alle lebenswichtigen Organe verstaut: Kopf, Magen, Darm und so weiter. Hackt eine hungrige Amsel (oder ein neugieriges Kind) den Wurm in diesem Bereich durch, hat er keine Chance, er stirbt. Wird er jenseits des 40. Segments angepikst, kann er sich mit einem Überlebenstrick retten: Er kapselt sein Hinterteil an einer günstigen Stelle ab, die Amsel (oder das Kind) kann es sich schnappen, während der Restwurm versucht, sich in Sicherheit zu bringen. Doch es dauert, bis einem zerteilten Wurm neue Segmente nachwachsen und er wieder fit und rege ist.

Apropos rege: Seinen Namen hat der Wurm nicht, weil er Regen mag – im Gegenteil, bei Regen muss er aus dem Boden nach oben flüchten und bringt sich in Gefahr –, sondern weil er unglaublich rege ist. Pausenlos futtert er sich durch Laub und Erde, gräbt Gänge in den Boden und kackt dort die Reste wieder aus: als besten Naturdünger. Seine schmierig-schleimige Oberfläche hilft ihm, selbst durch harte, trockene Erdschichten zu flutschen und den Boden in Tiefen zu belüften, in die kein Spaten kommen würde. Wer einen Garten hat und für sein Gemüse- oder Blumenbeet einen guten Boden will, sollte seine Regenwürmer also besser nicht zerteilen, sondern vor hungrigen Amseln schützen (und vor neugierigen Kindern).

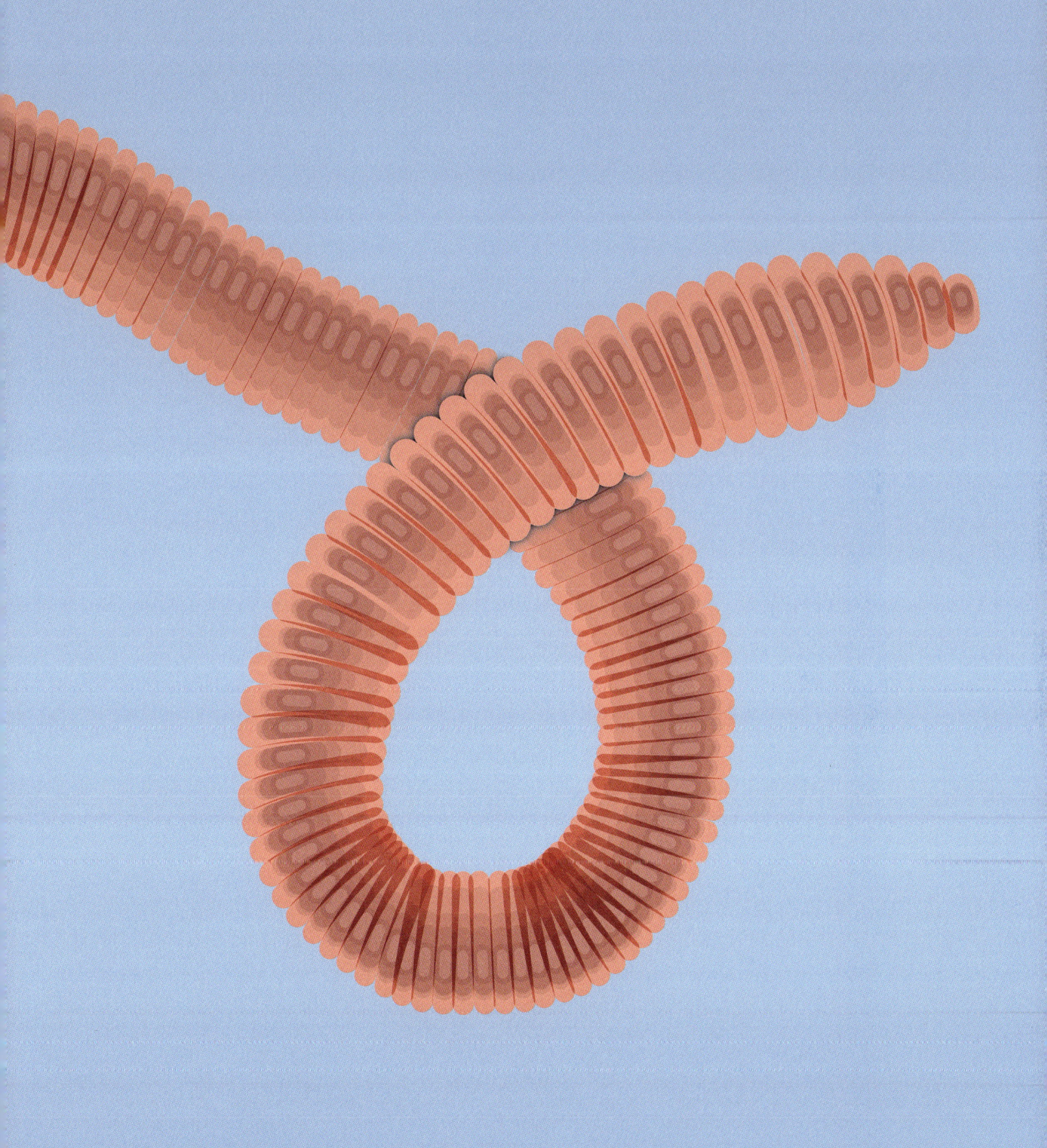

In einer Nacht ziehen Regenwürmer bis zu 20 Blätter in ihre Wohnröhren

In einem Kubikmeter gesundem Boden leben etwa 100 Regenwürmer

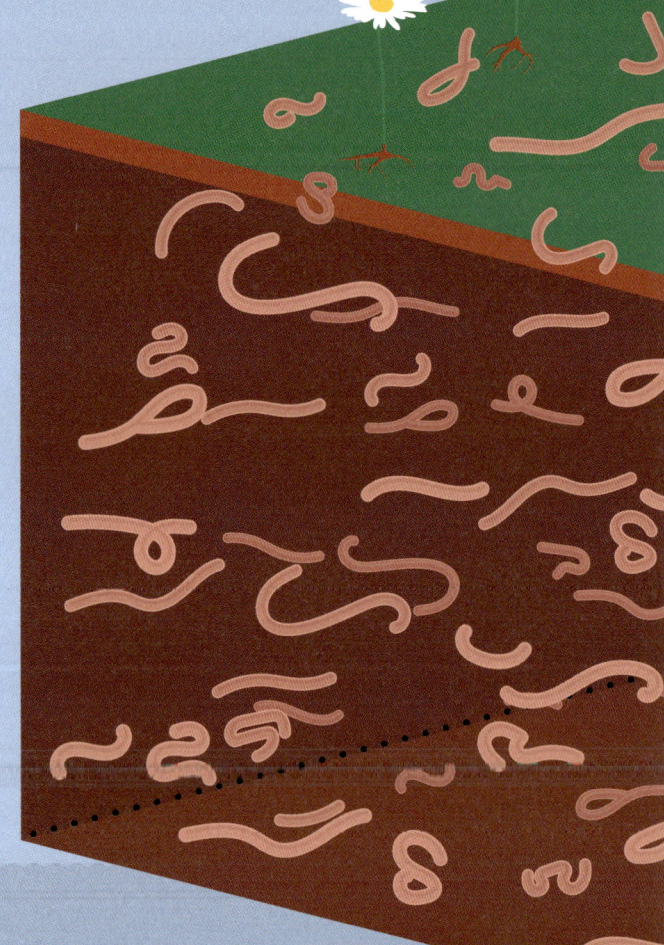

Mitteleuropäische Arten graben bis zu 3 Meter tiefe Gänge in die Erde – so tief, wie ein 3-Meter-Sprungturm hoch ist

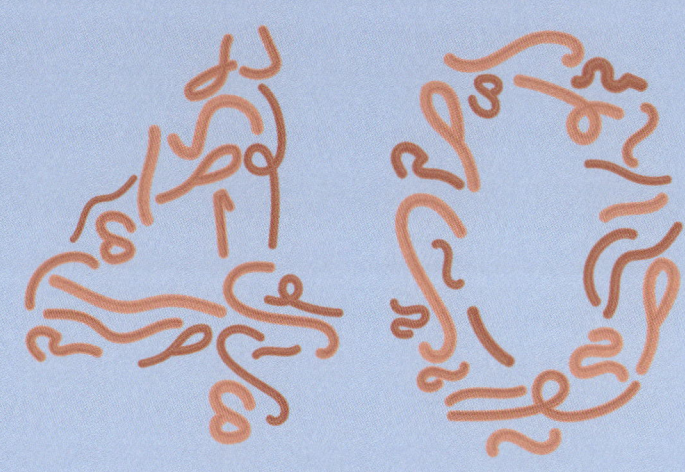

**In Deutschland gibt es
über 40 Regenwurmarten**

Die weltweit größte Regenwurmart lebt in
Australien. Der Riese mit dem Aboriginal-Namen
Karmai wird über 1 Meter lang, das entspricht
5 DIN-A4-Blättern nebeneinander. Man kann hören,
wenn er sich unter der Erde bewegt und seine Pflanzen-
kost verdaut. Ihm zu Ehren feiern die Australier
jeden März ein Wurm-Festival. Und sie haben
ihm ein Museum gebaut – natürlich in Wurmform

Regenwürmer können das 50- bis
60-Fache ihres Köarpergewichts an
Erde wegdrücken. Wäre ein 40
Kilo schweres Kind gleich stark,
könnte es ein großes Auto
schieben – ohne Räder

SPINNE

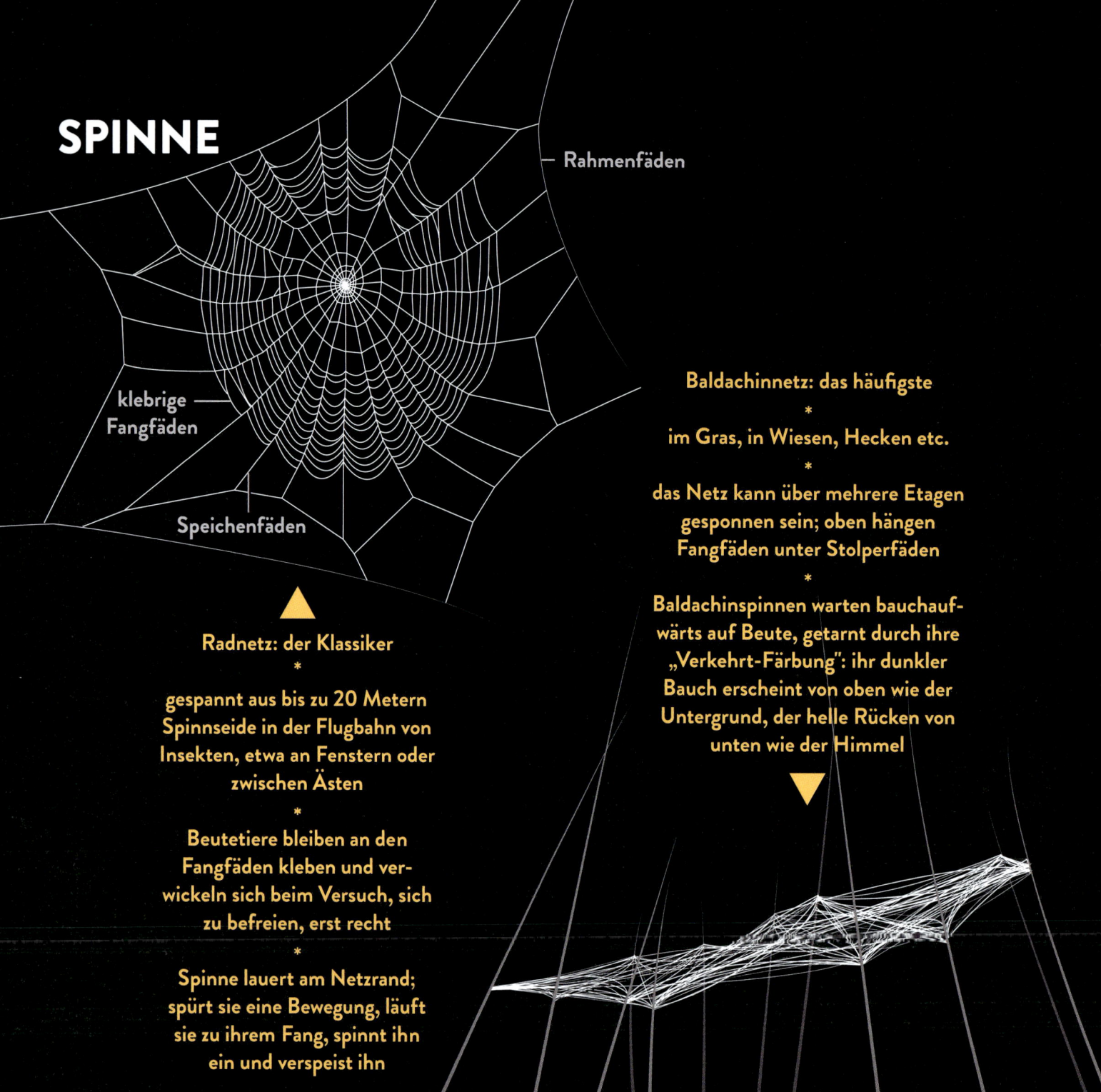

Rahmenfäden

klebrige Fangfäden

Speichenfäden

Radnetz: der Klassiker

*

gespannt aus bis zu 20 Metern Spinnseide in der Flugbahn von Insekten, etwa an Fenstern oder zwischen Ästen

*

Beutetiere bleiben an den Fangfäden kleben und verwickeln sich beim Versuch, sich zu befreien, erst recht

*

Spinne lauert am Netzrand; spürt sie eine Bewegung, läuft sie zu ihrem Fang, spinnt ihn ein und verspeist ihn

Baldachinnetz: das häufigste

*

im Gras, in Wiesen, Hecken etc.

*

das Netz kann über mehrere Etagen gesponnen sein; oben hängen Fangfäden unter Stolperfäden

*

Baldachinspinnen warten bauchaufwärts auf Beute, getarnt durch ihre „Verkehrt-Färbung": ihr dunkler Bauch erscheint von oben wie der Untergrund, der helle Rücken von unten wie der Himmel

Fallenstellerin, Gaucha, Spionin

Wisst ihr, was Arachnophobie bedeutet? Nein? Umso besser! Denn dann habt ihr vermutlich keine Angst oder gar Panik vor Spinnen. Zumindest nicht so eine, dass ihr hysterisch losschreit oder Schnappatmung bekommt, sobald ihr eines der Krabbeltierchen seht, die auf Griechisch „Arachno" heißen. Obwohl die allermeisten Spinnenarten völlig harmlos sind, gibt es erstaunlicherweise viele Arachnophobiker und noch

mehr Arachnophobikerinnen. Für euch ein Tipp: Auf dieser Doppelseite könnt ihr angstfrei die vier Netztypen bewundern – und die nächsten beiden einfach überblättern.

Alle, die Spinnen gegenüber gechillt sind, erfahren dort mehr über ihre Spionagetaktiken sowie das schleimige Cowgirl unter den Achtbeinern: die Bola-Spinne.

Röhrennetz: das Netz der
Erdbewohnerinnen

*

hängt nirgends, ist in die
Erde hineingesponnen

*

führt als Fangröhre bis zu 30 cm
in das unterirdische Wohnnest

*

bei uns baut es die Tapezierspinne:
eine ungefährliche Verwandte
der Vogelspinne, die ihr Leben
im dunklen Nest verbringt und
nur in die Röhre krabbelt, um
Beute zu „ernten"

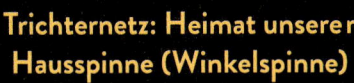

Trichternetz: Heimat unserer
Hausspinne (Winkelspinne)

*

in ruhigen Winkeln wie in
Zimmerecken oder unterm Bett

*

gebaut als weite Gespinstteppiche,
die einen Trichter formen; er führt
in die Wohnröhre der Spinne

*

in ihr wartet sie, bis sich Beute
im Trichter verirrt

Baukunst aus Wunderfäden

Spinnenseide ist 50 Mal dünner als ein Haar, aber reißfester als Stahl und elastischer als ein Gummiband. Daher bleiben Spinnennetze auch intakt, wenn eine fette Hummel hineinrast.

Außerdem sind Spinnfäden wasserfest und hitzebeständig bis 200 Grad Celsius – und nur dort klebrig, wo die Spinne es will.

Sie produziert ihre Wunderseide in mehreren Spinndrüsen am Hinterleib und bestimmt je nach Zweck – für verschiedene Netzfäden, zum Einspinnen der Beute, als Rettungsfaden für sich selbst – die Zusammensetzung und den Durchmesser.

SPINNE

Achtung, Überfall!

Die 50.000 Spinnenarten weltweit unterscheiden sich nicht nur in ihrer Größe, Färbung oder Behaarung, sondern auch in ihren Jagdtechniken.

Springspinnen lauern ihren Opfern auf und stürzen sich auf sie. Dabei beschleunigen ihre kräftigen Beinchen fünf Mal schneller als ein Formel-1-Rennwagen.

Krabbenspinnen verstecken sich in Blüten und können sich zur Tarnung wie ein Chamäleon umfärben. Spaziert ein Beutetier vorbei, packen sie es mit ihren Vordergreifern und injizieren ihm per Nackenbiss ein tödliches Gift.

Bola-Spinnen, die unter anderem in Südamerika vorkommen, fangen ihre Beute, wie die dortigen Gauchos Rinder einfangen: mit einer Art Lasso, an dessen Ende bolas hängen, Kugeln auf Spanisch. Die Spinne braucht allerdings kein Seil, ein Faden reicht ihr. Und ihre Kugeln sind nicht hart, sondern sehen aus wie ein

Wassertropfen. Er besteht aus einem raffinierten Schleim, den sie innerhalb weniger Minuten selbst produziert: im Kern zäh, außen flüssiger und mit einem Duftstoff versetzt, der köstlich nach Mottenweibchen duftet – und Mottenmännchen anlockt.

Die Spinne sitzt also auf einem Zweig oder Blatt, das Lasso baumelt lässig von ihrem Vorderbein herunter. Kommt ein verliebter Mottenmann angeflattert, schleudert sie es so geschickt in seine Richtung, dass er in der bola festpappt und in Sekundenschnelle von der flüssigen Masse eingeschleimt wird – vom Kopf bis über die Flügel. Die Gaucha muss ihn nur noch hochziehen, totbeißen und kann ihn verspeisen.

Von vier Bola-Spinnenarten ist bekannt, dass sie bis zu neun Schleimtropfen an einem gespannten Faden aufhängen. Doch bislang hat kein Mensch beobachten können, wie sie ihre Lassos durch die Gegend schwingen – und auch nicht, wie hoch ihre Trefferquote ist.

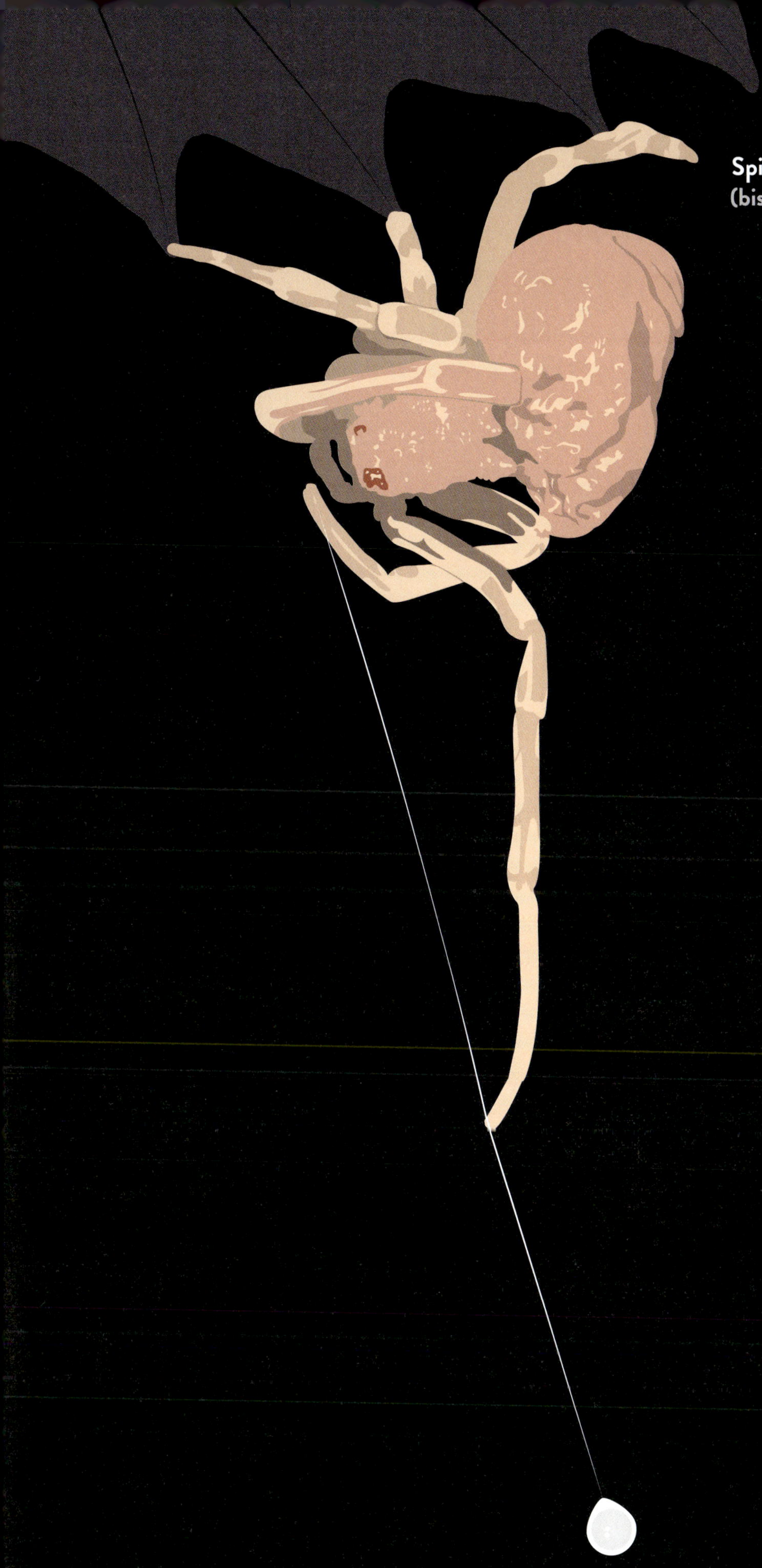

Spinnenweibchen
(bis 2 Zentimeter)

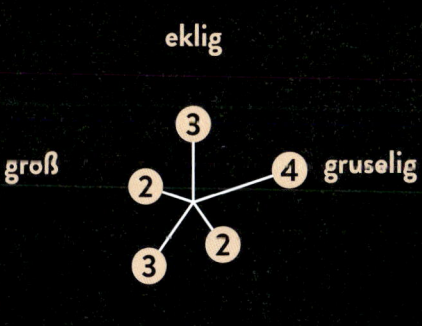

eklig

groß ③ ④ gruselig
②
③ ②

hilfreich gefährlich

Mein Name ist Bond, Spinnie Bond

Je nach Art beherrschen Spinnen so
vielseitige Spionage-Taktiken, dass sie als
Geheimagentinnen anheuern könnten

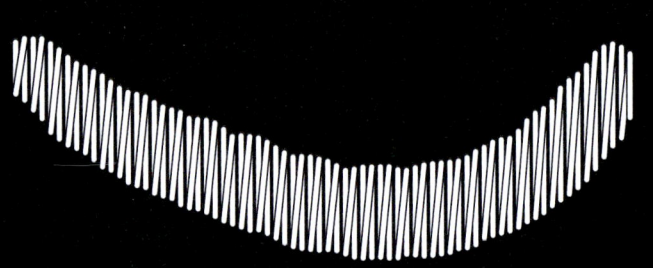

Fesselkünstlerin: Ich kann meine
Opfer bewegungslos einspinnen

Undercover-Profi: Ich kann mich mit ausgefeilten
Tarnmustern auf meinem Panzer tarnen

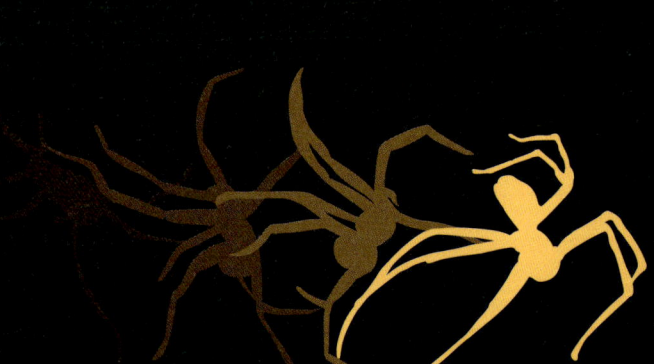

Akrobatin: Ich kann auf der
Flucht Räder schlagen und
damit Fressfeinde verwirren

Verführerin: Ich kann sehr gut tanzen
sowie Düfte und Farben imitieren, um
paarungswillige Beute-Insekten anzulocken

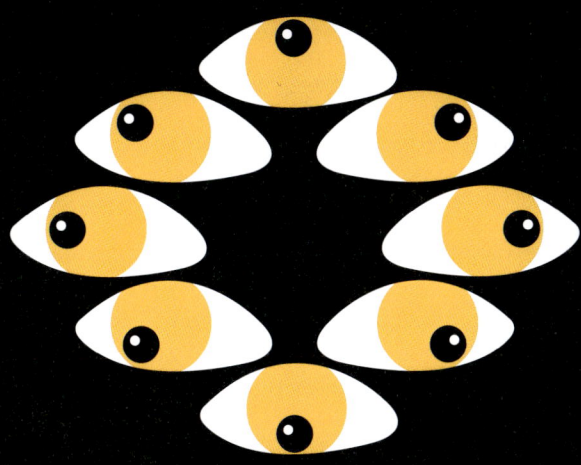

Rundum-Späherin: Ich kann mit bis zu 8 Augen fast die gesamte Umgebung erspähen

Abhörspezialistin: Ich kann Beutetiere mit hypersensiblen Sensoren an den Beinen aus der Ferne hören oder vielmehr spüren

Giftmischerin: Meine Toxine bestehen aus bis zu 100 Wirkstoffen, doch wirken fast ausschließlich bei Tieren

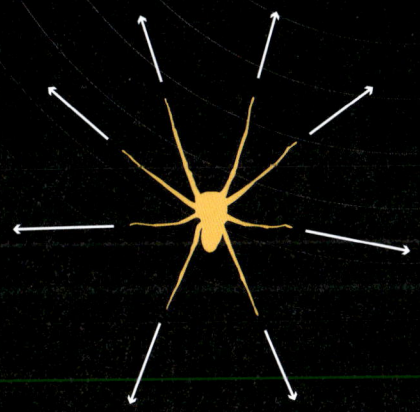

Sprinterin: Ich kann mit meinen 8 Beinen in alle Richtungen los spurten

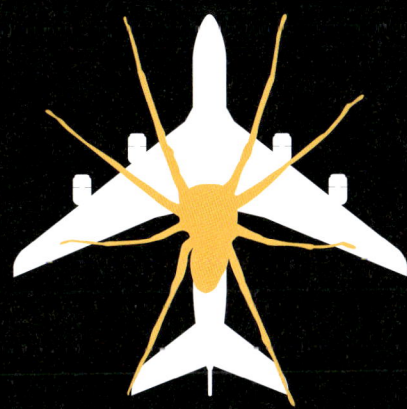

Fliegerin: Ich kann segelartige Fäden spinnen, mit denen der Wind mich über große Distanzen transportiert

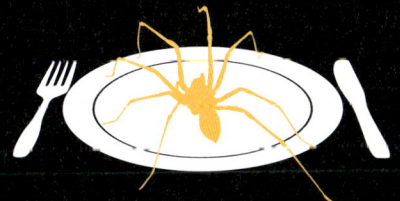

Kannibalin: Ich habe keine Skrupel, andere Spinnen zu verschlingen – am liebsten meinen männlichen Partner

BLUTEGEL

Der durstige Therapeut

Guten Tag, äh, wie begrüße ich Sie denn richtig, Herr oder Frau Blutegel?

Ich bin beides, männlich und weiblich. Das gibt es bei vielen Arten. Nenn mich einfach Blutegel.

Okay, gerne. Ich hörte, du bist verwandt mit dem Regenwurm und genauso schleimig.

Stimmt. Ich habe allerdings eine dunklere, glänzende Haut mit orangenen Flecken. Sieht voll cool aus!

Na ja, Schönheit ist Geschmackssache ... Viele gruseln sich vor dir, weil du Blut saugst.

Dabei bin ich wirklich sehr genügsam: Eine Mahlzeit reicht mir locker pro Jahr. Das schafft sonst keiner!

Welches Blut schmeckt dir am besten?

Ich nehme alles. Normalerweise lebe ich in Tümpeln und spüre, wenn sich in meiner Nähe etwas bewegt. Ich schwimme darauf zu und sauge mich fest, egal ob Frosch, Pferd oder Kind.

Und dann?

In meinem Mund habe ich drei Kieferreihen mit scharfen Zähnen. Mit denen ritze ich die Haut auf und injiziere ein Schmerzmittel, damit mein Opfer nichts merkt. Außerdem ein Mittel, damit das Blut schön flüssig bleibt. So kann ich bis zu fünf Mal so viel absaugen, wie ich selbst wiege.

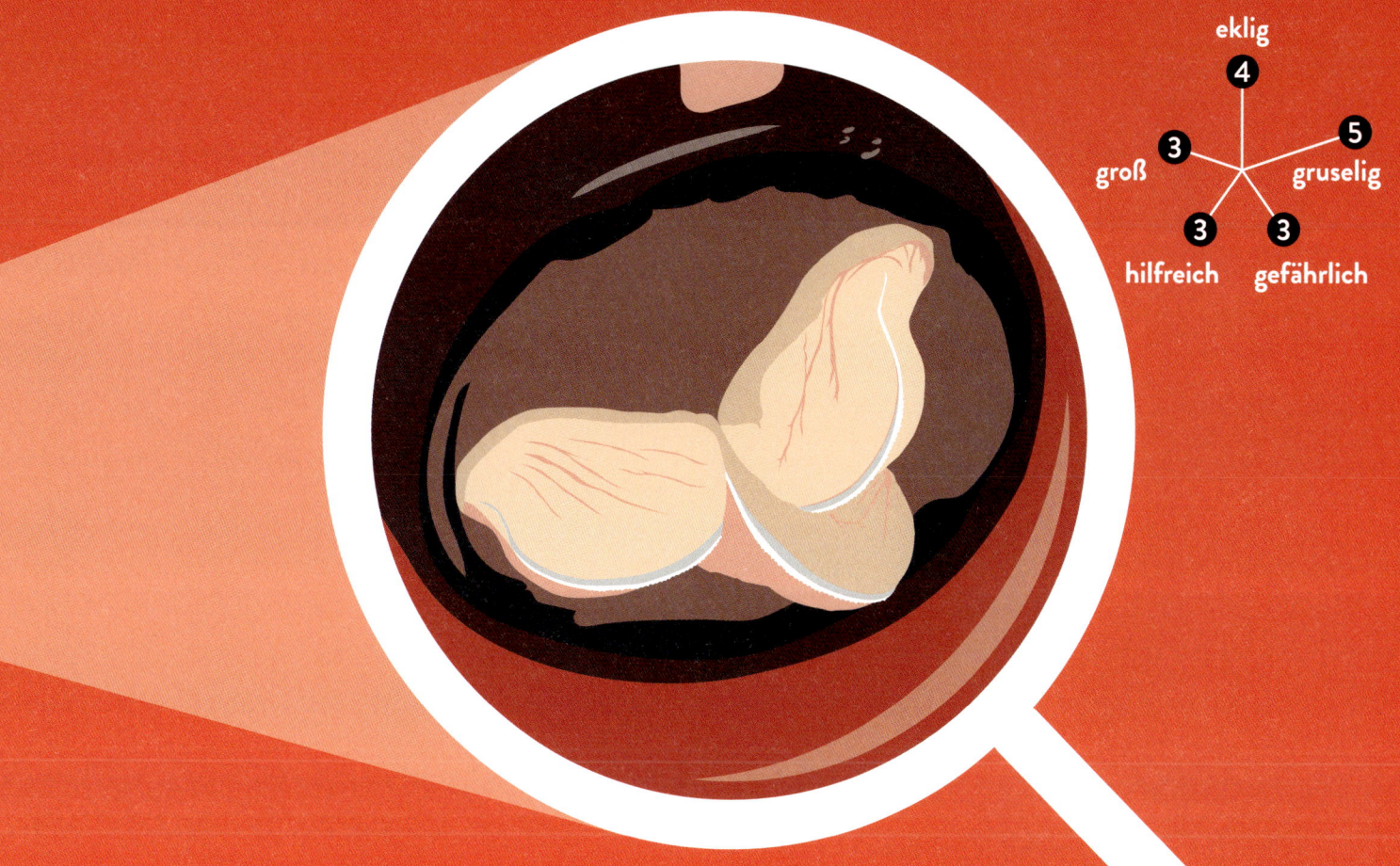

Und wenn du voll bist, plumpst du runter.

Das klingt unheimlich, schon klar. Dir ist aber sicher bekannt, dass Blutegel schon vor 3000 Jahren in der traditionellen Medizin Indiens sowie im antiken Griechenland verwendet wurden. Man setzte uns auf die Haut von Kranken, damit wir ihre Wunden heilen oder Schmerzen lindern.

Im 19. Jahrhundert wurden Blutegel-Therapien in Europa so populär, dass ihr fast ausgestorben seid. Millionenfach haben die Leute euch gesammelt und verkauft!

Damals glaubte man, dass wir alles Mögliche heilen können, was natürlich Quatsch ist. Inzwischen werden wir gezüchtet und tatsächlich sehr erfolgreich in der modernen Chirurgie eingesetzt – dank eines Arztes aus den USA. Er nähte 1985 einem Jungen das Ohr wieder an den Kopf, das ihm ein Hund abgebissen hatte. Doch das Ohr wurde schwarz und drohte abzusterben, weil das Blut verklumpte. Der Arzt setzte dem Jungen zwei Blutegel auf die Narbe und nur wenige Minuten später, so heißt es, begann das Blut wieder zu fließen und das Ohr zu gesunden.

Super Story. Doch ist eure Heilwirkung auch wissenschaftlich nachgewiesen?

Bei der Wundversorgung sowie bei Transplantationen von Haut und kleinen Körperteilen wie Ohren oder Fingern in jedem Fall.

Und bei Problemen wie Migräne, Bluthochdruck, Schmerzen im Knie oder in anderen Gelenken?

Da ist die Lage längst nicht so klar. Trotzdem sind wir in Naturheilkunde-Praxen sehr trendy und werden auf Menschen mit verschiedensten Beschwerden angesetzt. Ob wir ihnen wirklich helfen? Ehrlich gesagt: keine Ahnung.

QUALLE

Glibberige Ballerina

Sie haben kein Herz, kein Hirn und keine Knochen. Ihr Körper besteht nur aus einem glibberigen Schirm. Mit ihm tanzen sie wie Primaballerinen durch die Ozeane, reiten auf der Strömung, leuchten in zum Teil wunderschönen Farben.

Doch die Anmut von Quallen trügt. Viele ziehen Tentakel hinter sich her, die gefüllt sind mit Giftkapseln. Berühren wir sie aus Versehen beim Planschen im Meer, explodieren die darin aufgereihten Nesselzellen und schießen so etwas wie Mini-Pfeile heraus, die sich in unserer Haut verhaken und Gifte freisetzen – in

Bruchteilen einer Sekunde. Viele dieser Gifte jucken nur ein bisschen. Die der Feuerqualle verbrennen die Haut wie Feuer. Und die Seewespe, die zur gefürchteten Familie der Würfelquallen gehört, kann Menschen mit ihrem Gift töten.

Die wohl giftigste Seewespe schwimmt im Sommer unter anderem vor den Stränden Nord- und Ostaustraliens herum, weshalb die Menschen dort entweder gar nicht ins Wasser gehen oder nur mit einem schützenden Ganzkörper-Badeanzug. An manchen Stränden werden auch Abschnitte mit einem Qual-

eklig
5

groß 4 ● ● 4 gruselig

1

5

hilfreich gefährlich

Die Fangarme einiger
Würfelquallen können bis
zu drei Meter lang werden

Was hilft gegen Quallengift?

Am besten im Meer bleiben und die anheftenden
Tentakel so schnell wie möglich glatt entfernen, etwa
mit einer Kreditkarte im steilen Winkel abschaben. So
vermeidet man, dass noch mehr Nesselzellen explodieren. Bei Kindern, die womöglich schreiend aus dem
Wasser rennen, feuchten Sand auflegen, antrocknen
lassen und dann wie oben abschaben. Auf keinen Fall
die Tentakel mit Süßwasser abspülen, das macht alles
nur schlimmer! Essig wirkt nur gegen das Gift von
Würfelquallen. Dass es hilft, auf die brennende Stelle
zu pinkeln, ist reines Seemannsgarn.

len-sicheren Netz eingezäunt. Überall stehen gelbe
Warnschilder, damit auch wirklich jede und jeder
versteht: Mit den Viechern ist nicht zu spaßen.

Fischen und Meeresschildkröten hingegen kann Qual-
lengift nichts anhaben: sie schlucken Quallen einfach
runter. Für Schildkröten sind Quallen sogar eine
ausgesprochene Delikatesse, obwohl sie neben ein
bisschen Glibber fast nur aus Wasser bestehen: Bis zu
600 Stück können sie pro Tag fressen! Wollt ihr selbst
mal Qualle kosten? Manche asiatischen Restaurants
servieren sie: als Quallensalat.

DIE TÖDLICHSTEN TIERE DER WELT

Begegnungen mit Tieren können tödlich enden.
Doch die gefährlichsten Arten sind nicht diejenigen,
an die wir zuerst denken

Reihenfolge
Tier
Zahl der Todesfälle,
weltweit, pro Jahr

2.
Menschen
Durch Morde, Krieg
und Terrorismus
750.000

1.
Moskitos
Übertragen Krankheiten
wie Malaria, Dengue,
Zika oder West-Nil-
Virus, infolge der
Klimaerwärmung auch
zunehmend in Europa
1.000.000

8.
Skorpione
25 von etwa 1750 Arten
haben tödliches Gift
2600

9.
Flusspferde
1750

10.
Krokodile
1000

11-
Hirsche
Infolge von Auto-
oder Jagdunfällen
1000

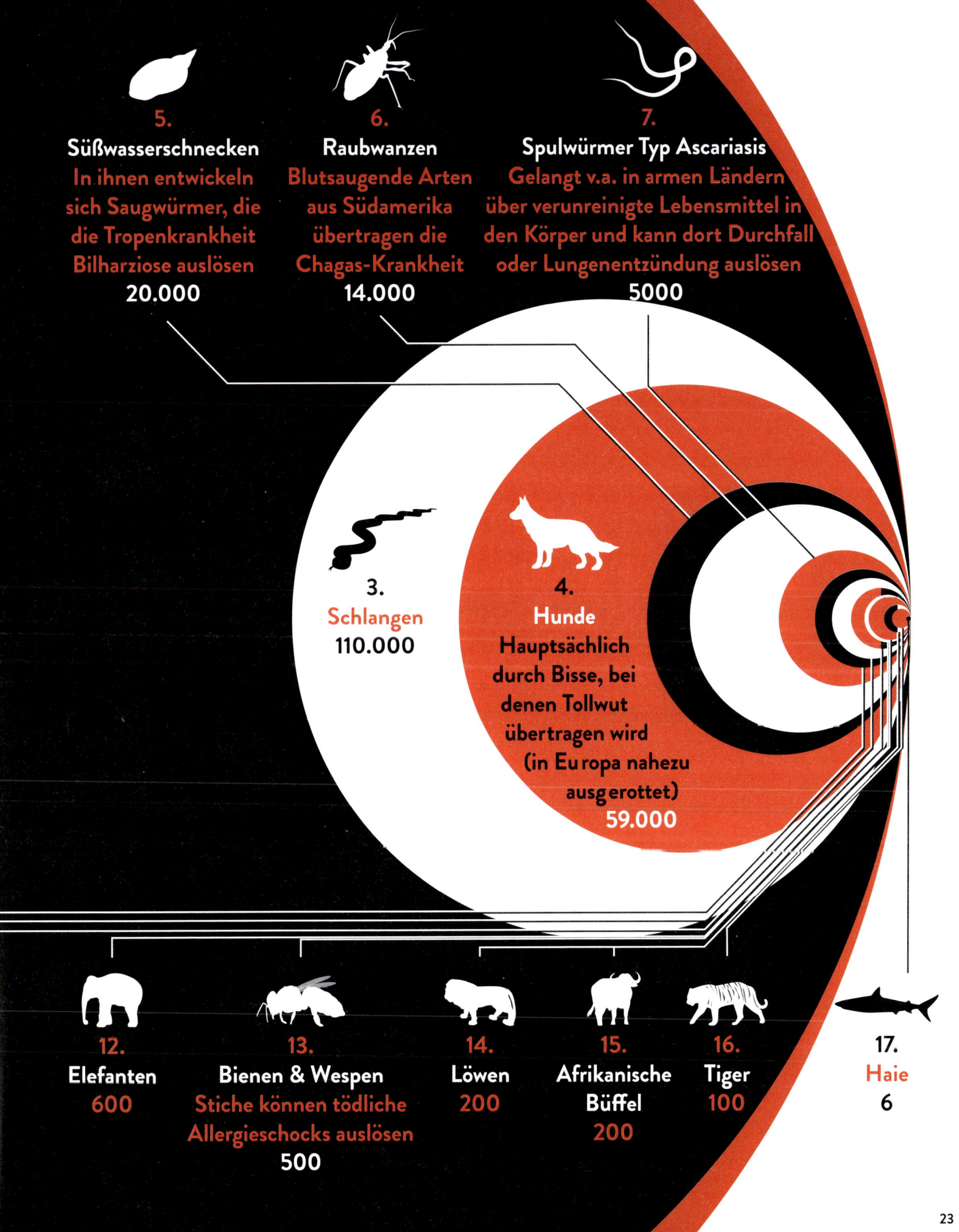

5.
Süßwasserschnecken
In ihnen entwickeln sich Saugwürmer, die die Tropenkrankheit Bilharziose auslösen
20.000

6.
Raubwanzen
Blutsaugende Arten aus Südamerika übertragen die Chagas-Krankheit
14.000

7.
Spulwürmer Typ Ascariasis
Gelangt v.a. in armen Ländern über verunreinigte Lebensmittel in den Körper und kann dort Durchfall oder Lungenentzündung auslösen
5000

3.
Schlangen
110.000

4.
Hunde
Hauptsächlich durch Bisse, bei denen Tollwut übertragen wird (in Europa nahezu ausgerottet)
59.000

12.
Elefanten
600

13.
Bienen & Wespen
Stiche können tödliche Allergieschocks auslösen
500

14.
Löwen
200

15.
Afrikanische Büffel
200

16.
Tiger
100

17.
Haie
6

STINKER

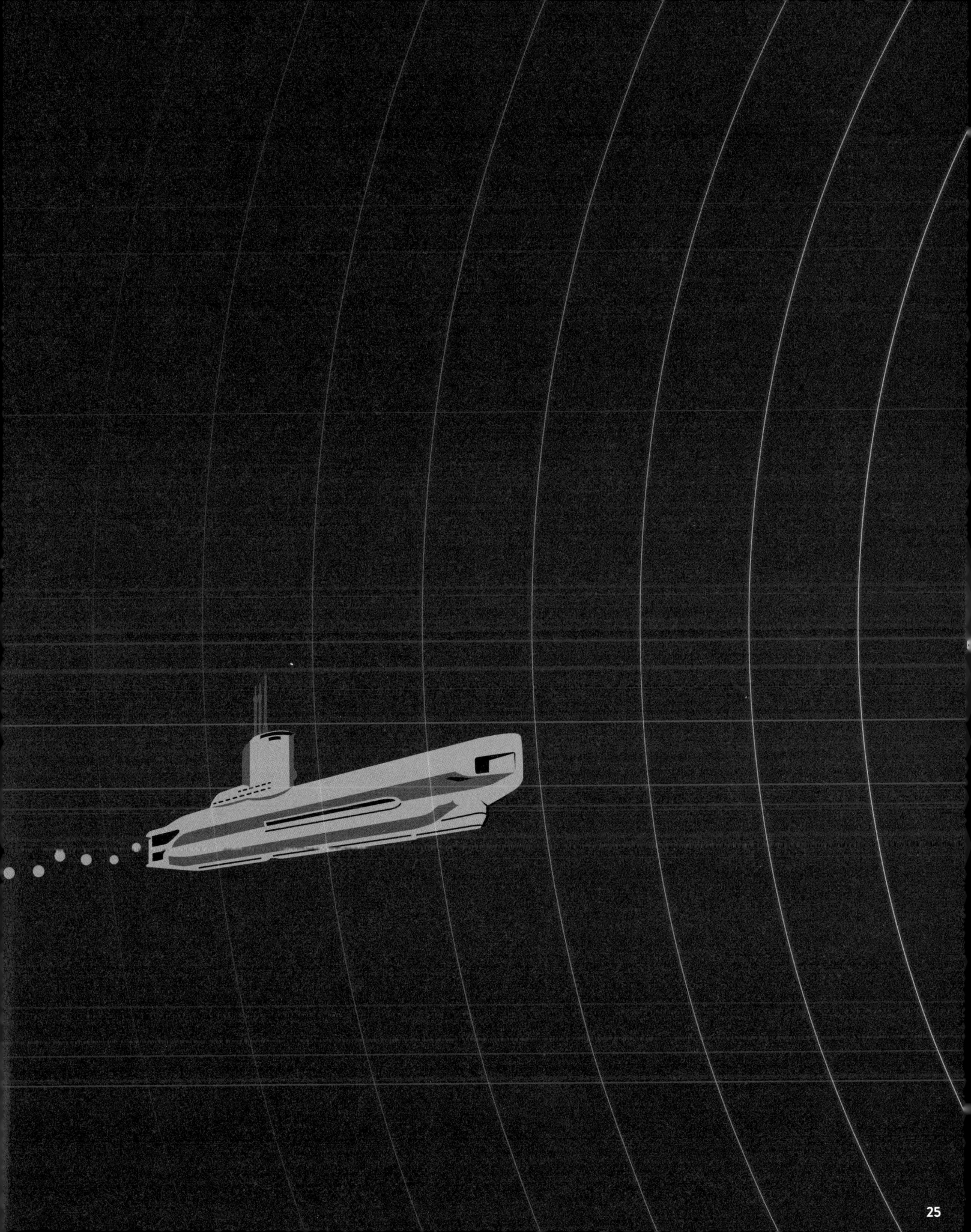

HERING

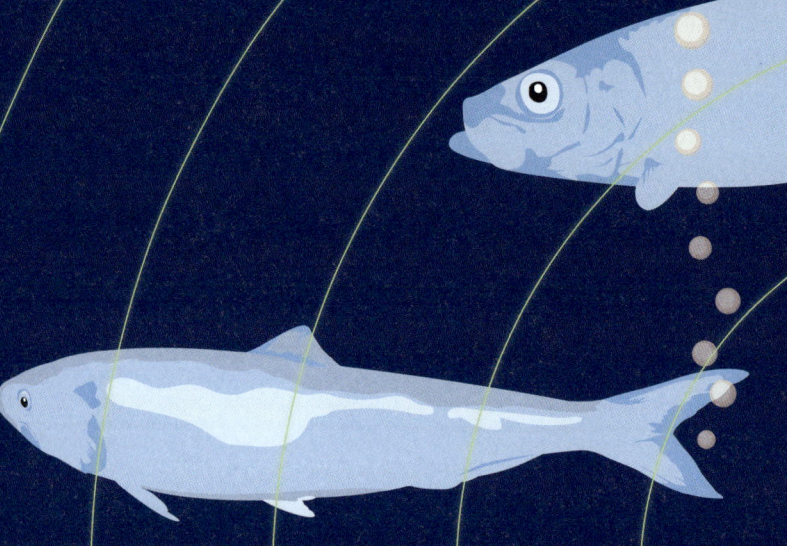

Der gesprächige Pupser

In den 1980er-Jahren war die schwedische Marine sehr beunruhigt: Woher stammten die seltsamen Geräusche, die sie in der Ostsee belauschte? Von feindlichen U-Booten? 15 Jahre suchten die Militärs erfolglos, bis sie es zwei schwedischen Meeresbiologen vorspielten. Diese fanden schnell heraus: Nicht Feinde steckten dahinter, sondern pupsende Heringe. Genauer: riesige Schwärme pupsender Heringe.

Seither haben sich – ohne Witz – Forschende aus mehreren Ländern mit Heringsfürzen beschäftigt. Sie beobachteten, wie die Fische Luft an der Wasseroberfläche schlucken, in ihrer Schwimmblase speichern und über den Hintern zurück ins Meer pressen. Sie hielten Mikrofone ins Wasser und nahmen das Geblubber auf. Zu ihrem Erstaunen waren die Pupse hochmusikalisch im Vergleich zu dem, was Menschen zustande bringen! „Es klingt, wie wenn wir Luft durch unsere Lippen pusten", erklärte ein Experte. Bis zu sieben Sekunden dauert das pulsierende Zirpen aus dem Fischhintern und umfasst drei Oktaven – damit sind Heringe so „stimmgewaltig" wie Profi-Sängerinnen.

Weil die Fische häufiger pupsen, je größer die Schwärme sind, und immer dann, wenn es abends dunkel wird, vermuten die Forschenden, dass sie auf diese Weise miteinander kommunizieren; etwa um zu vielen Tausenden ihre Schwimmrichtung zu koordinieren. Je nach Sound kreisen sie rechts oder links herum, steigen auf oder ab, weisen sich auf Futter hin oder warnen sich vor Fressfeinden. Die nämlich verstehen die Heringssprache genauso wenig wie die schwedischen Militärs.

Denen war es übrigens so peinlich, U-Boote mit Fischfürzen verwechselt zu haben, dass sie den Bericht der Meeresbiologen als „Top Secret", also als Geheimsache, wegsperrten. Erst 2004 durften die Experten über ihre Heringsstudie sprechen und wurden prompt mit dem Ig-Nobelpreis, dem „skurrilen Nobelpreis" ausgezeichnet. Wie der echte Nobelpreis prämiert er außergewöhnliche Forschungen – allerdings welche, über die man erst mal den Kopf schüttelt, die aber auf den zweiten Blick durchaus interessant sein können.

eklig

groß   3 — 1 — 3   gruselig

1

5

hilfreich   gefährlich

MISTKÄFER

eklig

groß ③ gruselig
② ③
①
⑤
hilfreich gefährlich

Kloputzer und Sternengucker

Habt ihr euch schon mal gefragt, wer eigentlich den ganzen Mist wegräumt, den Tiere in der Landschaft hinterlassen? Ihr Geschäft sozusagen? Wir Menschen spülen unseres die Toilette runter und wir kümmern uns um das unserer Haus- und Nutztiere. Doch draußen in der Natur? Übernehmen Mistkäfer den Job. Über 5000 Arten gibt es weltweit. Alle können mit hochsensiblen Fühlern an ihrem Kopf sondieren, woher der Duft frischer Tierhaufen und – häufchen kommt. Neue Hasenköttel im Park? Ein warmer Kuhfladen auf der Weide? Nichts wie hin, bevor sie kalt werden! Je nach Art verwerten die Käfer den Kot unterschiedlich. Eine Artengruppe richtet sich gleich häuslich ein und beginnt, ihn aufzufuttern. Eine zweite vergräbt die tierischen Hinterlassenschaften im Boden wie Eich-hörnchen Nüsse. Die sogenannten Pillendreher formen sie zu Kugeln, die um ein Vielfaches schwerer sein können als sie selbst. Dann rollen sie den Dung in ihre Wohnhöhlen, um ihren Nachwuchs darauf zu betten oder ihn damit zu füttern. Für Mistkäfer ist Mist köstlichste Babynahrung.

Wer jetzt angewidert das Gesicht verzieht, sollte wissen: Die Käfer tun etwas sehr Gutes für die Natur. Sie machen nicht nur sauber, sie buddeln ständig neue Nährstoffe in den Boden, dadurch wird er fruchtbarer. In der berühmten Serengeti-Savanne in Afrika recyceln Pillendreher bis zu 75 Prozent des Dungs von Elefanten, Gazellen oder Nashörnern. Nicht vorzustellen, wie es in unserer Natur ohne Mistkäfer aussehen würde!

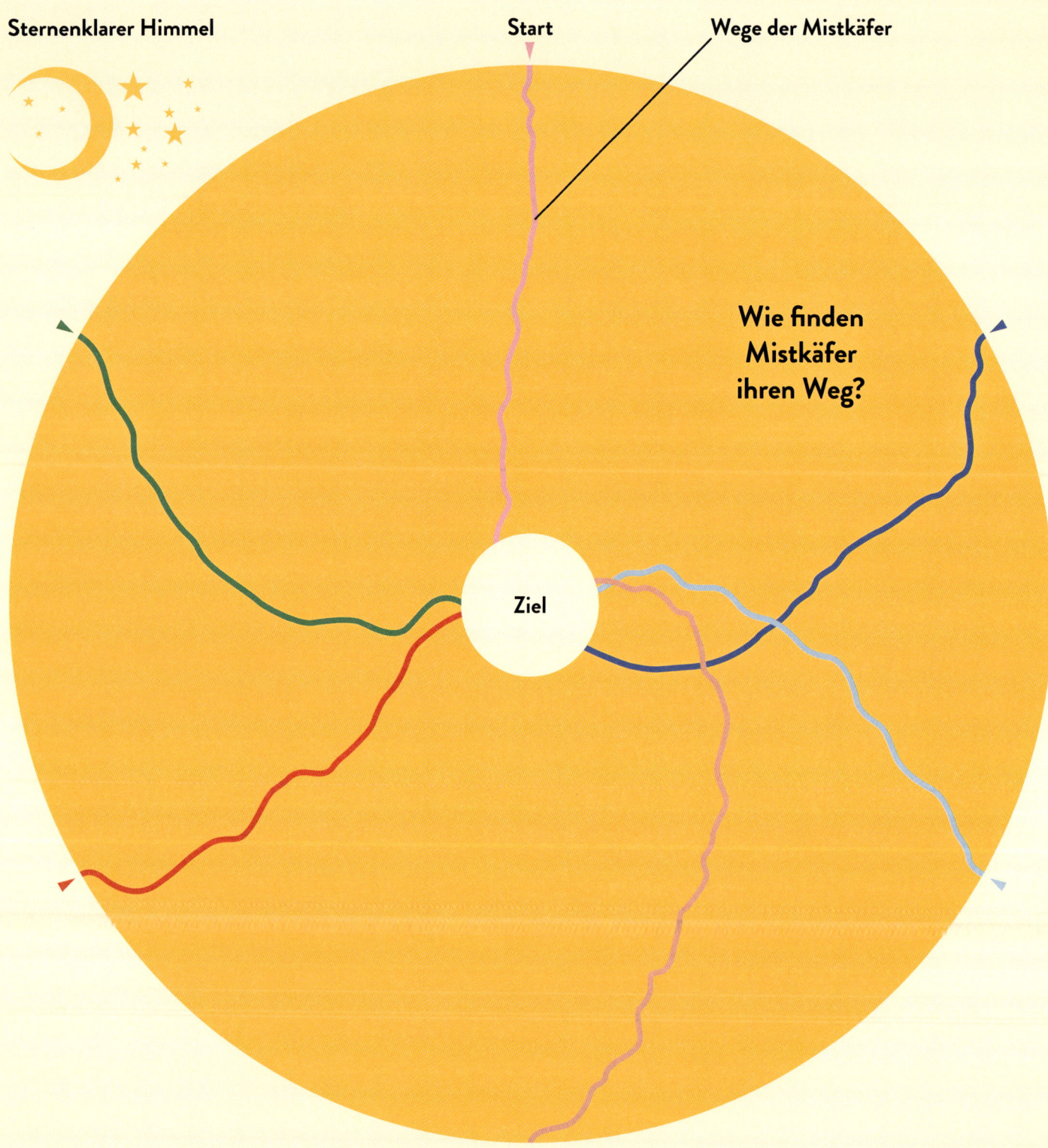

Sternenklarer Himmel

Start

Wege der Mistkäfer

Wie finden Mistkäfer ihren Weg?

Ziel

Pillendreher klauen sich gern gegenseitig Mistkugeln. Je schneller ein Käfer seine Kugel in die sichere Höhle rollt, umso besser. Doch woher weiß er, wo er hin muss? Vor allem nachts?

Um herauszufinden, ob sich Mistkäfer mit Hilfe der Sterne orientieren, machten Forschende ein Experi-

ment. Sie brachten einige in ein Planetarium, setzten ihnen Mini-Augenkappen auf und beobachteten sie beim Dung-Rollen. Die eine Hälfte der Kappen war durchsichtig, die Käfer konnten also den Planetarium-Himmel sehen, die andere war schwarz, als ob sich die Käfer durch eine sternenlose Nacht bewegten.

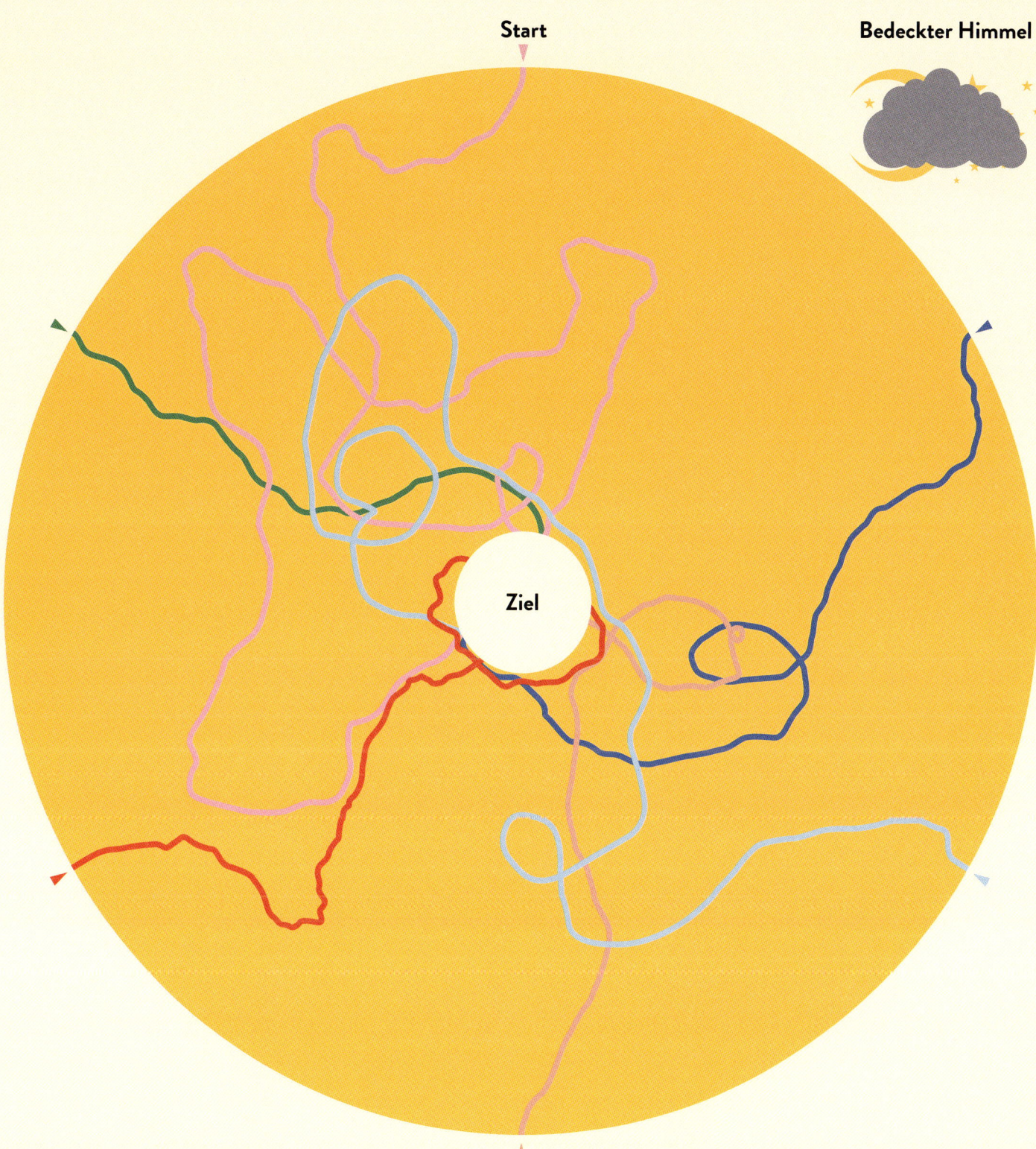

Start

Bedeckter Himmel

Ziel

Ergebnis: Die Mistkäfer, die im Dunkeln arbeiten mussten, rollten ihre Kugeln in wilden Schlangenlinien durch die Gegend und legten einen viel längeren Weg zurück als die Käfer, die den Sternenhimmel sehen konnten. Je heller die Sterne leuchteten, umso schneller kamen sie zum Ziel. Am schnellsten waren sie, wenn die Milchstraße in voller Pracht am Planetarium-Himmel strahlte – diese bandförmige Galaxie aus Milliarden von Sternen, die auch wir Menschen mit bloßem Auge von der Erde sehen können.

Vor dem Mistkäfer-Experiment war nur von Vögeln und Seehunden bekannt, dass sie sich an Sternen orientieren.

Schon mal Dart gespielt?
Von der Abwurflinie bis in die
Mitte der Dartscheibe beträgt
die waagrechte Distanz 2,37
Meter – doch nicht jeder
Pfeil trifft ins Schwarze

Schon mal angestänkert
worden? Von seinem
Hintern zielt ein Stinktier
mitten ins Gesicht seiner
„Feinde" – und trifft bis
zu 4,5 Meter weit

Der Name ist Programm

Achtung, dies ist eine Warnmeldung: Solltet ihr in Amerika jemals einem weiß-schwarzen Felltier mit buschigem Schwanz begegnen, erschreckt es nicht, ärgert es nicht, macht ihm keine Angst – sonst kann das übel enden. Im wahrsten Sinne des Wortes.

Das Tier hat zwei Namen. Skunk stammt aus der Algonkin-Sprache nordamerikanischer Urvölker und heißt „Stinkender Fuchs", auf Deutsch beschreibt der Name Stinktier, dass es in Drüsen am Hintern eine Flüssigkeit produziert, die brutalomäßig stinkt. Unübertrieben! Sie ist seine Waffe, die es zur Verteidigung auf echte und vermeintliche Feinde sprüht. Trifft euch der Strahl, wird euch speiübel und allen Leuten in

eurer Nähe ebenso. Ein Tropfen in die Augen und ihr seht eine Weile nichts mehr. Erwischt das Zeug euren Hund: Mamma mia, dann stinkt er wochenlang, egal wie oft ihr ihn in Duftshampoo badet.

Die gute Nachricht: Das Stinktier sprüht nicht einfach los. Es guckt erst mal ernst. Es fletscht mit den Zähnen. Es stampft mit den Vorderpfoten auf. Es dreht sich um und hebt den Schwanz. Wer klug ist, haut spätestens jetzt ab – und bleibt verschont.

Solche Zeichen lesen zu lernen – Körpersprache sagt man dazu –, empfiehlt sich übrigens auch bei anderen Lebewesen, die nicht gern geärgert werden.

STINKTIER

 2,37 Meter

4,5 Meter

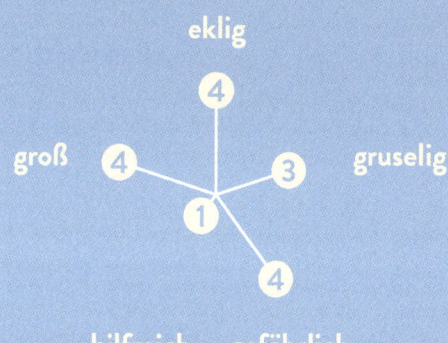

eklig
4

groß 4 — 3 gruselig

1

4
hilfreich gefährlich

EAU DE SKUNK

Rezept "Eau de Skunk":
Das Sekret des Stinktiers
riecht wie ein Mix aus faulen
Eiern, Schwefel, Knoblauch
und angebranntem Gummi

Wäre es eine Chemikalie,
bräuchte es drei Warn-
schilder: entflammbar,
chemisch reizend,
umweltgefährdend

Besprühte Kleidung kann man nur noch weg-
werfen. Der Gestank geht nie wieder raus,
egal wie oft man sie wäscht. Auch auf der
Haut hält er sich tagelang. Besprühte Hunde
oder Katzen stinken über Wochen

TAUBE

Unschuldiger Kackvogel

Vor nicht allzu langer Zeit galt die Taube noch als Friedens- und Postbotin. Man vertraute ihr Liebesbriefe und Kriegsdokumente an, einige bekamen sogar Verdienstkreuze verliehen, weil sie Nachrichten übermittelten, die Menschenleben retteten. Und heute? Wird die Taube als Kackvogel beschimpft, als Ratte der Lüfte, als Ungeziefer.

Der Grund ist klar oder vielmehr gräulich-braun: ihr Kot. Überall, wo Tauben in Städten leben, verdrecken sie Hausfassaden, Balkone, Denkmäler, Tunnels, Bahnhöfe, Fahrradsattel, Spielplätze und so weiter. Dazu das ständige Gegurre, das nervöse Geflatter, das Rumgepicke in Mülleimern, der viele Nachwuchs, der Gestank. Warum rücken sie uns nur so auf die Pelle?

Wir sind selbst schuld. Vor mindestens 5000 Jahren begannen Menschen, wilde Tauben, die in Felsen brüteten, zu Haustauben zu züchten, die möglichst viele Küken bekommen sollten. Sie arbeiteten als Brieftauben, lieferten Fleisch und Dünger. Als die Zeiten moderner wurden, öffnete man die Käfigtüren und überließ sie ihrem Schicksal. So verwilderten sie zu Stadttauben, die weiterhin zwanghaft brüten, gern in der Nähe von Menschen. Dumm gelaufen.

Heute vagabundieren große Taubenschwärme durch die Städte, finden aber nicht genügend artgerechtes Futter wie Körner und Samen. Sie ernähren sich daher von Müll oder werden (verbotenerweise) mit altem Brot gefüttert. Das rächt sich: Die Vögel bekommen Durchfall und hinterlassen statt kompakten Kötteln, die sich leicht wegfegen lassen, flüssige Flatschen, auch „Hungerkot" genannt. In größeren Haufen können sich Bakterien vermehren, das ist ungesund für Menschen, wenn auch nicht ungesünder als der Kot von Spatzen. Steinfassaden, Mauerwerk, Holz und Metall kann Taubenkot hingegen nicht beschädigen – das haben chemische Studien bewiesen.

Wie löst man das Problem? Tauben zu vertreiben, gelingt selten, sie zu töten, ist verboten. Einige Städte haben daher Taubentürme eingerichtet: offene Käfige, in denen sich die Vögel einnisten können, städtischer Kloputzdienst inklusive. Je nach Konzept werden sie auch gefüttert. Also fast wie früher – mit einer entscheidenden Ausnahme: Ihre Eier werden durch Attrappen ersetzt. Weniger Küken heißt weniger Tauben. Und bestenfalls auch weniger Taubenkot.

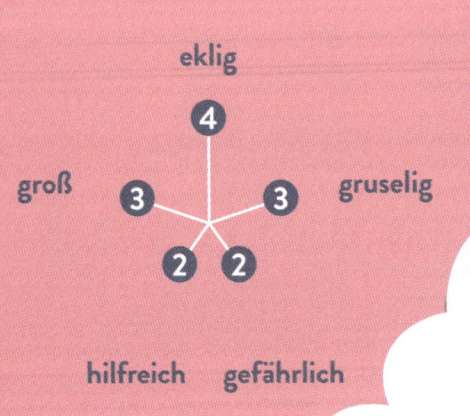

eklig

groß — gruselig

④ ③ ③ ② ②

hilfreich   gefährlich

Ein Taubenpaar legt bis zu 8 Mal pro Jahr 2 Eier, die Küken können nach 6 Monaten selbst brüten. Macht (theoretisch) 36 neue Tauben pro Jahr

Artgerechtes Futter:
gesunde Verdauung
-> kompakte Köttel

Müll und Brotreste:
Durchfall
-> flüssige Flatschen

Ein einziger Vogel hinterlässt
pro Tag bis zu 20 Gramm Kot.
Im Jahr sind das etwa sieben Kilo –
so viel wie 28 Butterpackungen

HOTEL KUHFLADEN

Er düngt den Boden und ernährt viele Tiere. Nach 49 Tagen – eine Woche länger als die Sommerferien – ist er abgebaut

Ein Kuhfladen ist etwa 2 Zentimeter hoch ...

... und 2 Kilogramm schwer, so wie 20 Tafeln Schokolade

Er ist ca. 30 Zentimeter breit, also genauso groß wie dieser Kreis

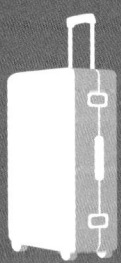

Das Tagesgeschäft einer Kuh: 10 Kuhfladen = 20 Kilo: so viel wie ein vollgepackter Reisekoffer

Ein Mensch produziert etwa 200-400 Gramm pro Tag, so wie 2-4 Tafeln Schokolade

Wie läuft die Besiedlung?

Zuerst legen Fliegen ihre Eier auf oder in den noch warmen, feuchten Fladen. Einige Eier haben Atemhörner, die über die Oberfläche hinausragen

Die meisten schlüpfe innerhalb von zwei Tagen zu Larven

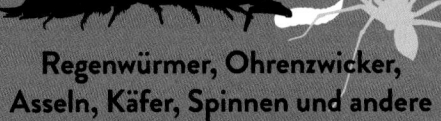

Regenwürmer, Ohrenzwicker, Asseln, Käfer, Spinnen und andere Insekten fressen die Larven ...

Zahlreiche Pilze gedeihen im Dung, der Fliegenpilz etwa

Gäste aus der Tierwelt:

Ein Kuhfladen kann bis zu 4000 einzelne Insekten und 100 verschiedene Arten beherbergen, darunter allein 50 Käferarten. Er ist für sie Wohnzimmer, Kindergarten, Speisekammer, Jagdrevier

In einer Monatsration Dung sammeln sich ca. 15 Kilo Insekten und 1 Kilo Wirbeltiere. Die bieten genug Nahrung für einen Storch, 2 Stare oder 16 Grasfrösche

... und legen eigene Eier ab, aus denen ebenfalls Larven schlüpfen, die sich zu Maden weiterentwickeln

Kleine Vögel, Frösche, Eidechsen, Nagetiere und Co. essen die Insekten

Große Vögel essen Frösche, Eidechsen, Nagetiere und Co.

SAUGER

BÄRTIERCHEN

Der robuste Raumfahrer

Sie sind nicht mal einen Millimeter groß, haben an ihrem gepanzerten Körper acht Stummelfüßchen und an ihrem Stummelkopf einen Mund, der aussieht wie das Endstück eines Staubsaugers. Das alles lässt sie so tapsig wirken wie ein auf den Bauch gefallenes Gummibärchen. Aber Achtung: Der Eindruck täuscht. Bärtierchen sind unheimlich robust. Im Laufe der Erdgeschichte überlebten sie Vulkanausbrüche und Asteroiden-Einschläge.

Heute tummeln sie sich überall dort, wo sie Algen oder winzige Beutetiere wie etwa Rädertierchen fressen können. Also quasi überall: auf allen Kontinenten und in allen Meeren, in der Wüste wie im Regenwald, auf hohen Gipfeln, in Tiefseegräben wie im Polareis. Und sehr wahrscheinlich auch in einem Mooskissen, das in eurer Nachbarschaft wächst – das könnt ihr nachprüfen, wenn ihr ein Stück davon in ein Glas mit Wasser legt und nach ein paar Stunden die trübe Moossuppe mit einer Lupe oder, sofern vorhanden, unter einem Mikroskop inspiziert.

Vielleicht könnt ihr sogar beobachten, wie Bärtierchen fressen: Dafür pressen sie ihren Staubsaugermund auf die Beute, piksen sie mit nadelartigen Zähnen an und saugen sie mehr oder weniger komplett aus. Slurp!

So richtig unheimlich macht die Bärtierchen aber, dass sie auch ohne Nahrung überleben können, ohne Wasser, ohne Sonne, ohne Sauerstoff. Wo ist so ein ungemütlicher Ort? Genau: Im Weltall. Astronauten der NASA-Raumfähre Endeavour haben sie auf eine ihrer Missionen mitgenommen, ausgesetzt und wieder eingefangen – lebendig.

Die Fähigkeit, solche Extrembedingungen zu überstehen, heißt in der Wissenschaft Kryptobiose. Die kleinen Bärchen können sich in eine Art Schockstarre begeben, in der ihr Körper so tut, als wäre er tot. Wird es wieder gemütlicher, wachen sie auf, als sei nichts gewesen – und suchen sich erst mal was Leckeres zum Aussaugen.

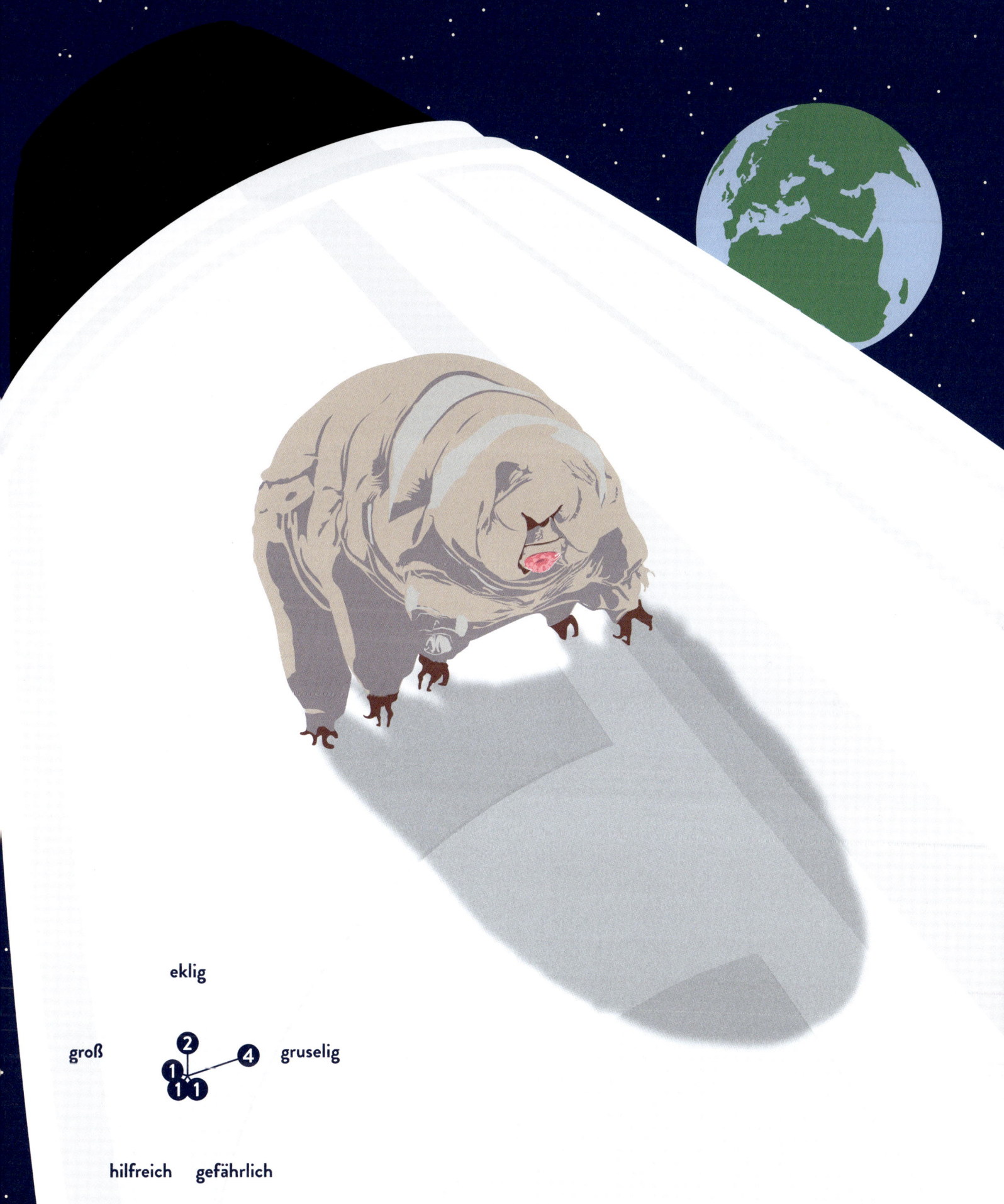

eklig

groß   ②
        ①
          ①①   ④ gruselig

hilfreich   gefährlich

KOPFLAUS

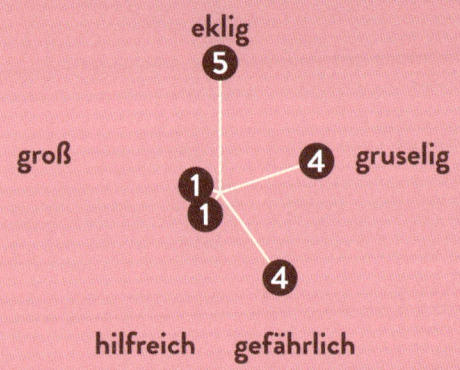

eklig
5

groß

4 gruselig

1
1

4

hilfreich   gefährlich

Die Königin der Mythen

Woran leiden Kinder am häufigsten? An Erkältungen – und an Kopfläusen. Trotzdem halten sich Mythen über die blutsaugenden Plagegeister fast so hartnäckig auf der Welt wie sie selbst. Welche stimmen, welche nicht?

Kopfläuse sind mit bloßem Auge erkennbar.

Stimmt!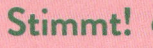

Sie ähneln einem ungekochten Reiskorn mit sechs Beinen, nach dem Blutsaugen färben sie sich rötlich. Ihre Eier, die Nissen, sehen aus wie Schuppen, aber kleben am Haar fest.

Kopfläuse springen von Kopf zu Kopf.

Falsch!

Sie können weder springen noch fliegen, aber mit ihren sechs Beinen sehr schnell krabbeln. Dabei klammern sie sich mit ihren kräftigen, scherenförmigen Klauen am Haar fest. Eine kurze Umarmung reicht ihnen, um den Kopf zu wechseln.

Kopfläuse haben keine Fressfeinde

Stimmt!

Damit nehmen Kopfläuse eine Sonderrolle ein: Sie sind als Art im ökologischen Netz des Lebens nicht weiter verbunden. Doch es gibt Vermutungen, dass unsere Vorfahren sie genauso schätzten wie heutzutage Affen – als Proteinquelle.

Wer sich selten wäscht und unhygienisch lebt, ist anfälliger für Läusebesuch.

Falsch! ✗

Läusen ist egal, wie häufig man putzt, duscht und sich die Haare wäscht. Sie befallen sehr reinliche Menschen genauso wie Wasserscheue und blonde Locken genauso wie dunkle Wellen oder glattes, rotes Haar.

Mädchen haben häufiger Läuse als Jungen.

Stimmt! ✓

Warum? Mädchen stecken öfter die Köpfe zusammen und umarmen sich mehr als Jungen. Außerdem haben sie meist längere Haare, das bietet Läusen mehr Wege, um von Schopf zu Schopf zu klettern.

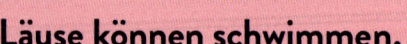

Läuse können schwimmen.

Nicht ganz richtig, nicht ganz falsch. ✓

Läuse können mehrere Stunden unter Wasser überleben, denn sie atmen über Körperspalten, die sich beim Abtauchen schließen. Landen sie mit ihrem Gastkopf in der Badewanne oder im Pool, klammern sie sich bewegungslos fest. Eine Übertragung im Wasser ist daher unwahrscheinlich.

Wer Läuse hat, spürt sie sofort.

Falsch! ✗

Nur jede oder jeder Vierte entwickelt Symptome wie Juckreiz oder Quaddeln – zum Teil erst nach 4 Wochen. Krankheiten übertragen Läuse keine, aber wer sich viel am Kopf kratzt, riskiert, dass sich Wunden entzünden.

Kopfläuse kommen aus warmen Ländern.

Falsch!

Kopfläuse gibt es überall, wo Menschen warme Köpfe haben – also weltweit, selbst in der Arktis. Und schon seit es uns gibt. Genauer: Seit wir uns vom Affen abgespalten haben, das haben Genanalysen bewiesen. Sogar auf Schrumpfköpfen und Mumien hat man welche gefunden! Affen und andere Säugetiere haben eigene Läuse.

Auch Haustiere können Kopfläuse übertragen.

Falsch!

Läuse mögen kein tierisches Blut. Verirren sie sich auf eine Katze oder einen Hund, verhungern sie.

Wenn sie genug Blut getrunken haben, fallen sie wie Zecken von alleine ab.

Falsch!

Läuse brauchen alle paar Stunden frisches Blut, um zu überleben. Warum sollten sie einen Kopf freiwillig verlassen? Wer sie loswerden will, muss etwas tun: Den Kopf mit Läusemitteln behandeln und immer wieder Strähne für Strähne mit einem Läusekamm abkämmen.

Mit Läusen muss man zu Hause bleiben.

Nicht ganz falsch, nicht ganz richtig.

In Deutschland regelt diese Frage das Infektionsschutzgesetz: Am Tag nach der ersten Behandlung mit einem wirksamen Läusemittel dürfen Kinder wieder in die Kita oder Schule, selbst wenn sie noch Nissen haben. Weitere Behandlungen werden allerdings vorausgesetzt.

MADENWURM

Schmarotzer im Kinderdarm

Wetten, dass ihr euch nach dem Lesen dieses Textes ganz schnell die Hände waschen wollt? Er handelt von Madenwürmern. Niemand redet gern über sie, obwohl eins von fünf Kita- und Grundschulkindern sie schon mal unfreiwillig beherbergt hat. Daher übernehmen wir das jetzt mal.

Madenwürmer sind weiß, lang und dünn wie eine Suppennudel und werden auch Aftermaden genannt. Warum, werdet ihr gleich verstehen. Sie nisten sich im Dickdarm von Kindern ein, ohne dass es jemand mitbekommt. Da ist es angenehm warm und feucht, sie können schmarotzermäßig von der Darmwand Nahrung absaugen und sich in aller Ruhe paaren. Erst wenn bei

den Weibchen nach etwa zwei Wochen die Eier reifen, wird es unangenehm. Denn dann schlängeln sie sich durch den Enddarm Richtung Kinderpo und legen nachts, wenn das Kind schläft, am After – so nennt man das Poloch – ihre Brut ab: Tausende winzige Eier. Das ganze Wurmgeschlängel juckt furchtbar. Vor allem beim Aufwachen ist der Juckreiz so doll, dass das arme Kind gar nicht anders kann, als sich am Hintern zu kratzen. Die Würmer sind da längst wieder in den warmen Darm zurückgekehrt; nur selten entdecken die Eltern ein paar in der Unterhose oder im Klo. All das ist ja schon eklig genug. Aber wie kommen die Würmer überhaupt in den Kinderdarm? Fast immer über ein anderes Kind mit ungebetenen Gästen.

eklig
5

groß

gruselig
5

1
1

hilfreich

gefährlich
5

5

Es läuft so:

1 Kind 1 kratzt sich morgens am Hintern; an seinen Fingern oder unter den Fingernägeln bleiben Wurmeier kleben.

2 Es geht in die Kita, greift dort in den Obstteller oder spielt mit einem Spielzeugauto und schwuppdiwupp reisen die Eier als blinde Passagiere weiter in die nächste Kinderhand.

3 Steckt sich Kind 2 irgendwann die Finger in den Mund, wie kleine Kinder das eben gern machen, schluckt es die Eier unbemerkt runter.

4 Nach nur sechs Stunden schlüpft in seinem Dünndarm die nächste Wurmgeneration. Die Babywürmchen wandern weiter in den Dickdarm, fressen sich zwei Wochen lang voll und zwei weitere Wochen später beginnt der nächste Hintern furchtbar zu jucken.

5 Häufig infiziert sich Kind 1 auf diese Weise auch immer wieder selbst – und weitere Kinder.

Zum Glück gibt es Medikamente, die gut gegen Madenwürmer helfen. Noch viel besser wäre freilich: Man kriegt sie erst gar nicht. Dagegen hilft – Moment, warum rennt ihr denn weg? Ach so, ihr wollt zum Waschbecken. Tja, Wette gewonnen!

GESPENSTISCHER GECKO

Ein Meister der Tarnung

Naaa, seht ihr mich? Könnt ihr meine Umrisse erkennen? Oder verwischt in euren Augen alles zu einem Suchbild für Fortgeschrittene? So jedenfalls ist es gedacht. Wie ein Geist versuche ich mich unsichtbar zu machen im Gestrüpp, hier in meiner Heimat Madagaskar. Denn meine Fressfeinde sollen mich nicht erkennen. Sie sollen glauben, ich wäre ein Ast und kein acht Zentimeter großer Gecko.

Mein Körper ist für dieses Versteckspiel perfekt ausgerüstet. Mein Schwanz ahmt die Optik eines gezackten Blattes nach, deshalb nennt man mich auch Blattschwanzgecko. Über den Augen trage ich eine Art Schild, der dazu beiträgt, die Kopfkontur gegenüber dem Untergrund aufzulösen. Und ich kann meine Hautfarbe variieren und mustern wie ein Chamäleon: von braungrau-marmoriert bis knallorange. Der Clou sind meine Zehen. Wie bei allen Geckos bestehen sie aus klebrigen Lamellen. Mit ihnen sauge ich mich an spiegelglatten wie senkrechten Oberflä

chen fest. Selbst kopfüber stürze ich nicht ab. Das ist praktisch für die Jagd, aber auch, um reglos sitzen zu bleiben, wenn Gefahr droht. Werde ich trotzdem angegriffen, kann ich meinen Schwanz abwerfen. Der zappelt dann wild herum und lenkt meinen Angreifer ab, während ich mich verziehe. Das Beste: Nach einigen Wochen wächst er wieder nach. Wenn das mal nicht gespenstisch ist?!

eklig

groß 3 — 2 — 3 gruselig
          1
        3

hilfreich   gefährlich

49

ZECKE

Ei
Das Weibchen legt mehrere Tausend Eier, dann stirbt es ebenfalls. Die Eier reifen an einem geschützten, feucht-warmen Ort, etwa im Laub

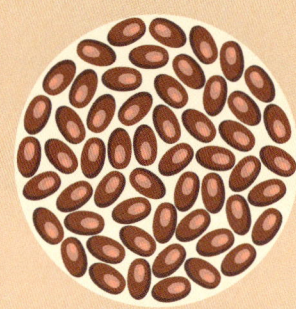

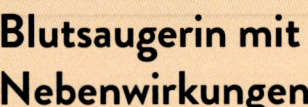

Vollgesogenes Weibchen
Die dritte Blutmahlzeit ist die letzte. Vollgesogen sucht sich die Zecke ein Männchen. Es stirbt direkt nach der Befruchtung

Blutsaugerin mit Nebenwirkungen

Wir sind uns vermutlich einig: Die Zecke ist das ekligste, hässlichste, unbeliebteste Tier der Welt. Sie hängt sich an uns ran, wenn wir durch die Natur spazieren, sucht sich eine dünne Stelle auf unserer Haut, bohrt sie mit ihrem Stechrüssel auf, saugt unser Blut und hinterlässt, wenn wir Pech haben, fiese Krankheitserreger. Na vielen Dank auch, bäh!

3. Wirt/Endwirt
Erwachsene Zecken können riechen, wenn Tiere oder Menschen in ihre Nähe kommen. Sie hangeln sich fest und saugen erneut los

Zecke
Vollgesaugt verlässt die Nymphe ihren Wirt und wird zur erwachsenen Zecke. Die bei uns häufigste Art heißt „Gemeiner Holzbock", mit bis zu 4 Millimetern kann man sie auch „leer" gut erkennen. Durch die Klimaerwärmung kommen neue Zeckenarten zu uns wie etwa die fast zwei Zentimeter große Hyalomma-Zecke

Abbildungen sind nicht maßstabsgetreu

Larve
Ein Zeckenleben beginnt nach dem Schlüpfen aus dem Ei als winzige Larve mit nur drei Beinpaaren

1. Zwischenwirt
Sie muss einmal Blut trinken, um sich weiterentwickeln zu können. Dafür wartet eine Zeckenlarve oft monatelang hungrig im Laub oder auf einem Grashalm, bis eine Maus oder ein Igel vorbeikommt, die sie ansaugen kann

Gibt es irgendetwas zu ihrer Entschuldigung zu sagen?

Nun, die Natur hat den Lebenszyklus einer Zecke so gestaltet, dass ihr wenig übrig bleibt, als sich so hinterhältig zu benehmen. Sie ist ein Parasit, das heißt, sie braucht das Blut anderer Lebewesen, um zu überleben und eigene Nachkommen in die Welt zu setzen.

Nymphe
Nach der ersten Blutmahlzeit verlässt die Larve ihren Wirt und entwickelt sich zur jugendlichen Nymphe mit acht Beinen. Dann geht die Warterei von vorne los

2. Zwischenwirt
Auch Zeckennymphen brauchen Blut. Mehr Blut. Sie suchen sich daher als Opfer ein größeres Tier. Einen Fuchs etwa oder einen Menschen. Man sieht sie kaum, denn sie sind nur stecknadelkopfgroß und fast durchsichtig

Wenn eine Zecke ungestört einige Tage lang Blut saugt, nimmt ihre Körpermasse im Schnitt um das 150-Fache zu

eklig
5

groß
2   4   gruselig
1

5
hilfreich   gefährlich

Abbildungen sind
nicht maßstabsgetreu

Um ähnlich viel Flüssigkeit aufzunehmen, müsste ein 40 Kilo schweres Kind 6000 Liter trinken. Das sind 500 Kästen mit je 12 Flaschen

UNERWÜNSCHTE BEILAGEN

Was ist da drin?

Insektenköpfe, Fliegeneier, Mäusehaare: Wer sucht, der findet in allen möglichen Lebensmitteln tierische Bestandteile. Vielleicht eklig – aber harmlos. Denn die Landwirtschaft ist kein klinisch sauberes Labor. In den USA haben die Behörden festgelegt, wie viele dieser Beilagen verschiedene Nahrungsmittel enthalten dürfen. In Europa werden Stichproben getestet. Betrachten wir sie einfach als zusätzliche Eiweiß-Portion.

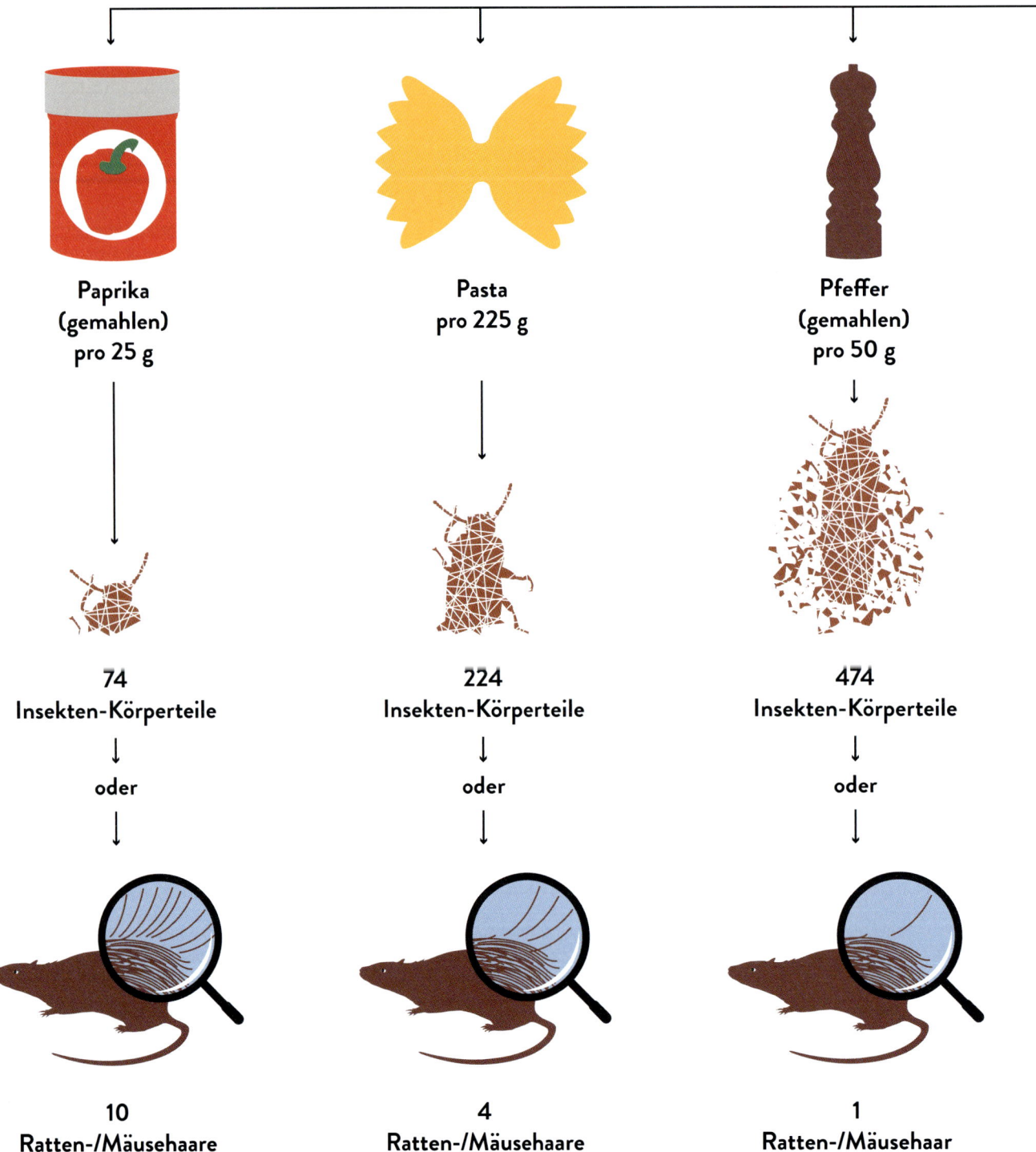

Paprika
(gemahlen)
pro 25 g

Pasta
pro 225 g

Pfeffer
(gemahlen)
pro 50 g

74
Insekten-Körperteile

224
Insekten-Körperteile

474
Insekten-Körperteile

oder

oder

oder

10
Ratten-/Mäusehaare

4
Ratten-/Mäusehaare

1
Ratten-/Mäusehaar

Der Grenzwert (also noch erlaubt) ist bei:

Pilze
(konserviert)
pro 100 g

Schokolade
pro 100 g

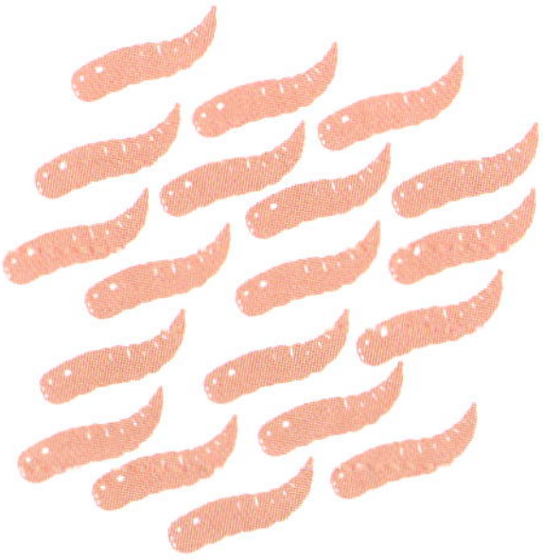

Tomatensauce
(für Pizza)
pro 100 g

74
Milben

89
Insekten-Körperteile

29
Fliegeneier

oder

oder

oder

19
Maden

2
Ratten-/Mäusehaare

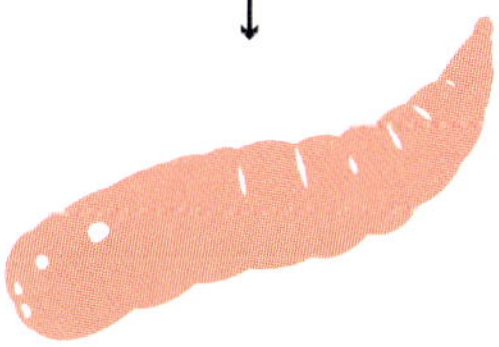

1
Made

SCHLEICHER & KRABBLER

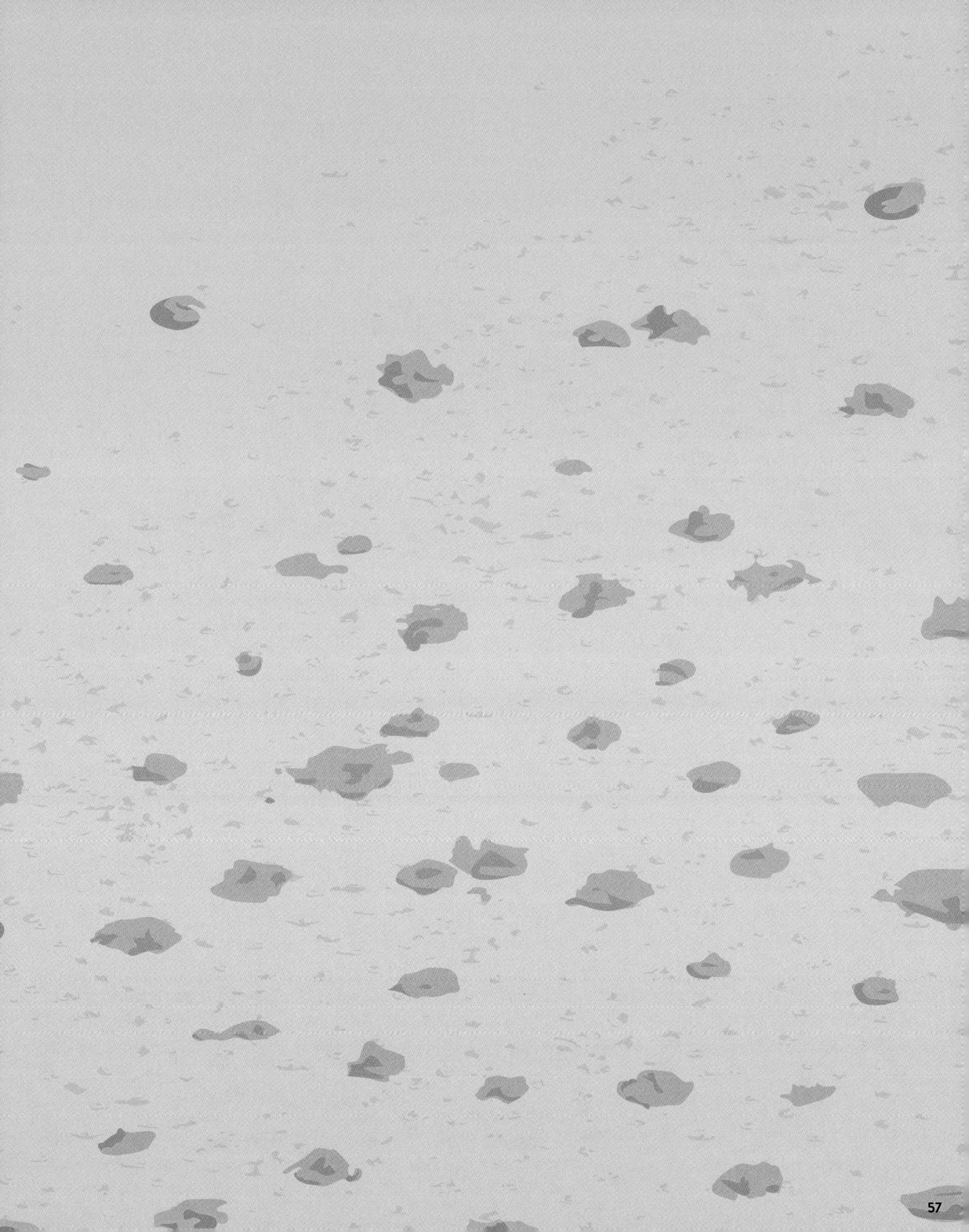

TERMITE

Holzfresserin und Architektur-Genie

Achtung, Täuschung! Was ihr hier seht, ist kein Leopardenfell und auch nicht das Muster einer Tüpfelhyäne. Es zeigt etwas ganz anderes: den Blick aus der Luft auf Termitenbauten in der brasilianischen Caatinga-Savanne.

Im Jahr 2018 wurde hier ein riesiges Insekten-Bauwerk entdeckt: ein Verbund aus 200 Millionen Termitenhügeln, bis zu neun Meter breit und vier Meter hoch, unterirdisch verbunden durch Tunnelgänge. Unzählige kleine Krabbler müssen über mehrere Tausend Jahre so emsig gebuddelt haben, dass die Menge der aufgehäuften Erde 4000 Mal dem Volumen der Pyramiden von Gizeh in Ägypten entspricht! Insgesamt bedecken die Termitenhügel eine Fläche so groß wie Großbritannien.

Es wird Zeit, den schlechten Ruf von Termiten zu korrigieren. Er beruht darauf, dass einige wenige der insgesamt 2800 bekannten Arten gerne Bauholz fressen: Fachwerk, Balken, Treppen, Möbel. Fallen sie in Massen ein, kann ihr Fressgelage Häuser zum Einsturz bringen, sogar ganze Dörfer. Viele Menschen fürchten Termiten daher als zerstörerische Schädlinge. Zu Recht – und gleichzeitig auch nicht.

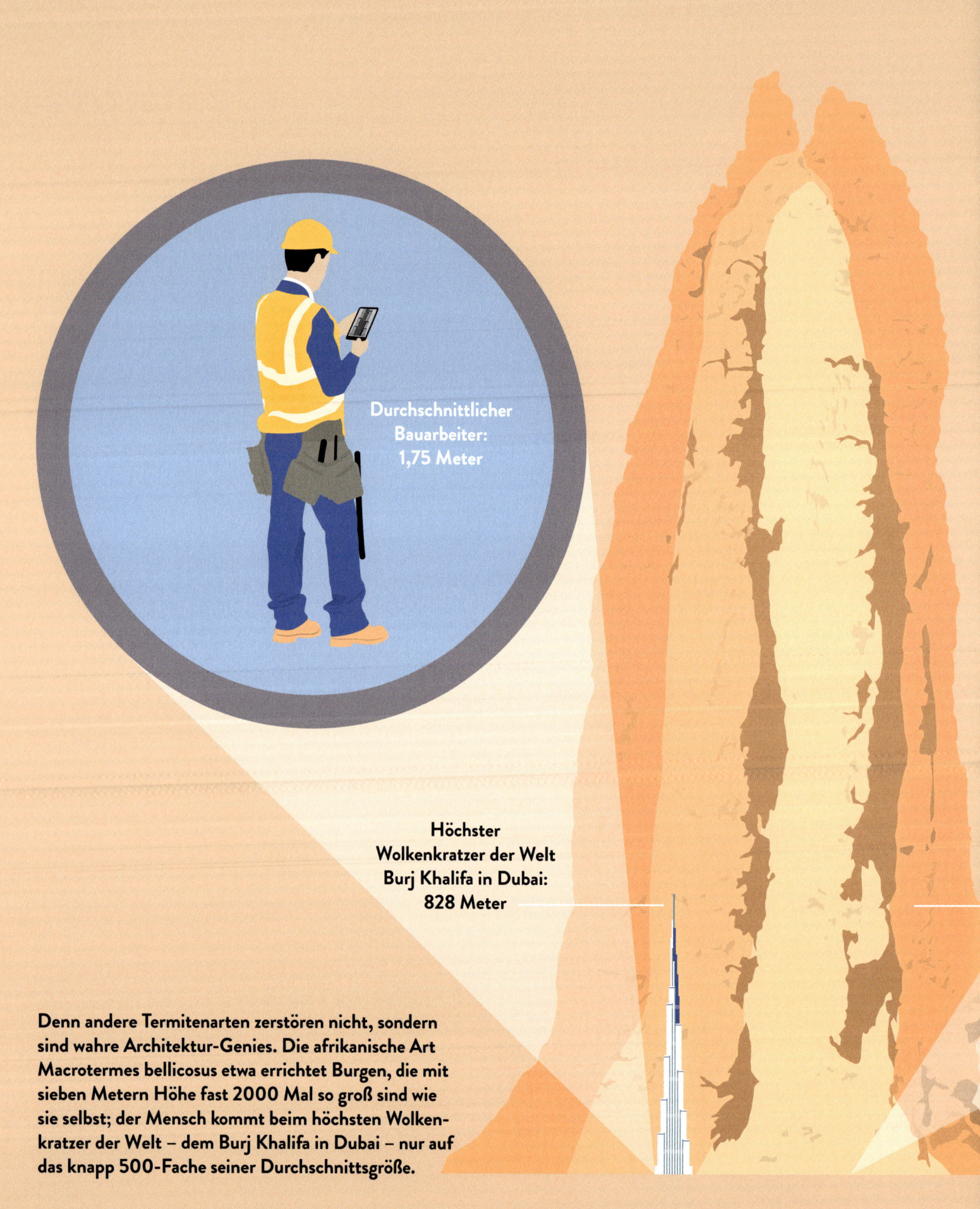

Durchschnittlicher
Bauarbeiter:
1,75 Meter

Höchster
Wolkenkratzer der Welt
Burj Khalifa in Dubai:
828 Meter

Denn andere Termitenarten zerstören nicht, sondern
sind wahre Architektur-Genies. Die afrikanische Art
Macrotermes bellicosus etwa errichtet Burgen, die mit
sieben Metern Höhe fast 2000 Mal so groß sind wie
sie selbst; der Mensch kommt beim höchsten Wolkenkratzer der Welt – dem Burj Khalifa in Dubai – nur auf
das knapp 500-Fache seiner Durchschnittsgröße.

Wenn Termiten und Menschen gleich groß wären, wäre der höchste Termitenbau viermal so hoch wie der höchste Wolkenkratzer

Durchschnittliche Arbeiterin: 2,5 Millimeter

Höchster Bau von Macrotermes bellicosus: 7 Meter

eklig

groß

gruselig

hilfreich   gefährlich

Vor allem wissen Termiten, wie man baut, damit ihre Kolonie tagsüber nicht schwitzt und nachts nicht friert: Dank eines raffinierten Systems aus ober- wie unterirdischen Stollen und Tunneln kann in ihren Bauten die Luft so zirkulieren, dass im Innern selbst bei megaheißen Außentemperaturen oder Minusgraden stets ein angenehmes Klima herrscht.

Stellt euch vor: Menschliche Architektinnen und Architekten haben sich von diesem Lüftungssystem etwas abgeguckt. In Simbabwe, Australien und Großbritannien wurden Hochhäuser nach dem Vorbild eines Termitenbaus errichtet. Sie brauchen weder Klimaanlage noch Heizung, das spart Baukosten und Energie. Einfach termitisch!

EICHENPROZESSIONSSPINNER

Die fiese Raupe

Raupen sind nimmersatt, das weiß jedes Kind. Sie häuten sich im Frühjahr mehrfach, um im Sommer als Schmetterling durch die Luft zu flattern. Es gibt Arten, für die säen Menschen extra Blumenwiesen oder füttern die Raupen, um später ihr Flügelmuster bewundern zu können. Und es gibt den Eichenprozessionsspinner.

Wo seine Raupen im Geäst von Eichen ihre Gespinsternester bauen oder in langen Prozessionen über den Stamm spazieren (daher ihr Name!), sind sie geradezu verhasst. Der Grund ist neben ihrem unbändigen Appetit auf die frischen grünen Blätter ihr Haar. Nicht die Borsten, die punkig vom Rücken abstehen, die sind harmlos. Sondern allerfeinste Härchen in einer Hautfalte am Hintern: Bis zu 60.000 drängen sich auf einem Quadratmillimeter, unvorstellbar viel dichter als bei uns Menschen!

Fühlen die Raupen sich gestört, schleudern sie ihre sogenannten Brennhaare in die Luft. Sie beinhalten ein Gift, das auf unserer Haut einen fies juckenden Aus-

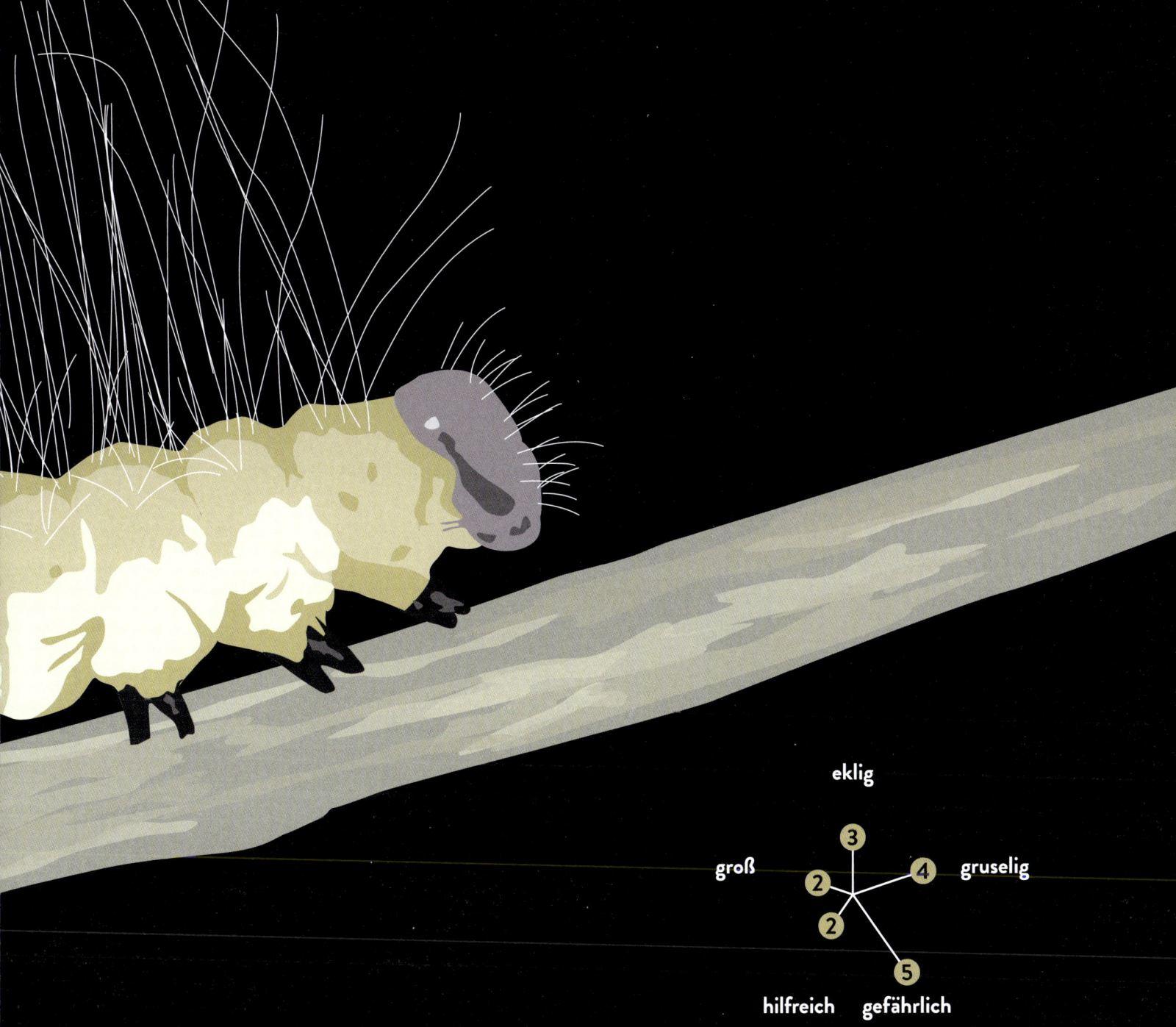

eklig

③

groß ② ④ gruselig

②

⑤

hilfreich　gefährlich

schlag hervorrufen kann. Manche Menschen bekommen sogar Atemnot und Fieber. Schnüffelt ein Hund an einem zu Boden gefallenen Gespinst, verbrennt er sich die Lefzen. Kurz: Die Eichenprozessionsspinner-Raupe kann richtig gefährlich werden.

Wer eine befallene Eiche im Garten oder in der Nähe seines Spiel- oder Sportplatzes stehen hat, sollte daher besser einen großen Bogen um sie machen. Und bloß nicht versuchen, die Nester selbst zu beseitigen, das geht nach hinten los. Viel besser: Hängt Meisenkästen

auf! Die hübschen Singvögel brauchen ohnehin unsere Unterstützung, weil eine Krankheit ihren Bestand bedroht – und sie fressen liebend gern Raupen; das Gift spüren sie nicht. So schlagt ihr zwei Raupen, äh zwei Fliegen mit einer Klappe: Es gibt weniger Brennhaare in der Luft, dafür hoffentlich bald wieder mehr Meisen.

Wie dicht ist der Haarwuchs im Vergleich?

In der Rückenfalte der Eichenprozessionsspinner-Raupe drängen sich 60.000 Brennhaare auf einem Quadratmillimeter. Sie sind winzigst – aber groß genug, um das Gift Thaumetopoein zu enthalten.

1 Millimeter
Auf dem Kopf eines Durchschnittsmenschen wachsen
gerade mal 2 Haare pro Quadratmillimeter.

SCHLANGE

Was kostet ein Liter ...
(in Euro)

Schlangengift
(im Schnitt)
16.000.000

Exklusive Giftspuckerin

Gold, Platin oder Plutonium sind wertvolle Metalle, Diamanten extrem teure Steine. Doch stellt euch vor, manche Flüssigkeiten sind mindestens so viel wert, wenn nicht noch mehr!

Damit ist freilich nicht die Milch im Kühlschrank gemeint und auch nicht das Benzin im Auto, obwohl ein Liter von beidem – zumindest gefühlt – immer mehr kostet. Deutlich teurer sind etwa Parfums berühmter Marken. Und noch um ein Vielfaches teurer die Tinte für euren Drucker. Dabei kann die nicht mal Leben retten, anders als – vergleichsweise – günstige Blutkonserven.

Im Vergleich zu Schlangengift ist aber selbst bunte Druckertinte fast geschenkt. Im Schnitt kostet ein

Liter Schlangengift rund 16 Millionen Euro; das sind umgerechnet auf ein Saftglas 3,2 Millionen Euro. Na, dann Prost!

Warum ist Schlangengift so viel wert? Weil es nicht nur Schmerzen bereiten oder gar töten kann, wenn man gebissen wird, sondern auch heilen. Unter anderem deshalb ist der sogenannte Äskulapstab – ein Stab, um den sich eine Schlange windet – das Symbol der Heilberufe Medizin und Pharmazie.

Schlangengifte wirken in Medikamenten gegen Allergien, Schmerzen, einzelne Tumore oder zu hohen Blutdruck, um nur ein paar Beispiele zu nennen. Um herauszufinden, ob so ein Gift noch mehr medizinischen Nutzen hat, müssen Forscherinnen und Forscher

eklig

groß **5** **3** **4** gruselig

4 **4**

hilfreich gefährlich

Bio-Milch
1,60

Super Benzin
1,80

Rohöl
68

Blutkonserve
(bis zu)
390

Parfum Chanel N°5
1000

Druckertinte
(schwarz)
2000

Schlangen in Farmen züchten und melken – das sagt man wirklich so. Und das ist nicht ganz so easy wie bei Kühen.

Schlangen produzieren ihr Gift in Drüsen an der Oberlippe und injizieren es ihren Opfern bei einem Biss durch ihre hohlen Zähne. Um sie zum Zubeißen zu motivieren, muss man den Kopf der Tiere über einen Behälter halten und die Giftdrüsen massieren, bis das Toxin in den Behälter fließt – möglichst ohne selbst gebissen zu werden. Das geht nur ein paar Mal pro Jahr und die Ausbeute ist minimal: Bei einer Kreuzotter werden nur etwa 10 Milligramm, bei asiatischen Schlangen im Schnitt immerhin ein paar Hundert Milligramm gewonnen. Kurz: ein mühsames, gefährliches Geschäft. Und das hat seinen Preis.

Druckertinte
(farbig)
8000

KNALLKREBS

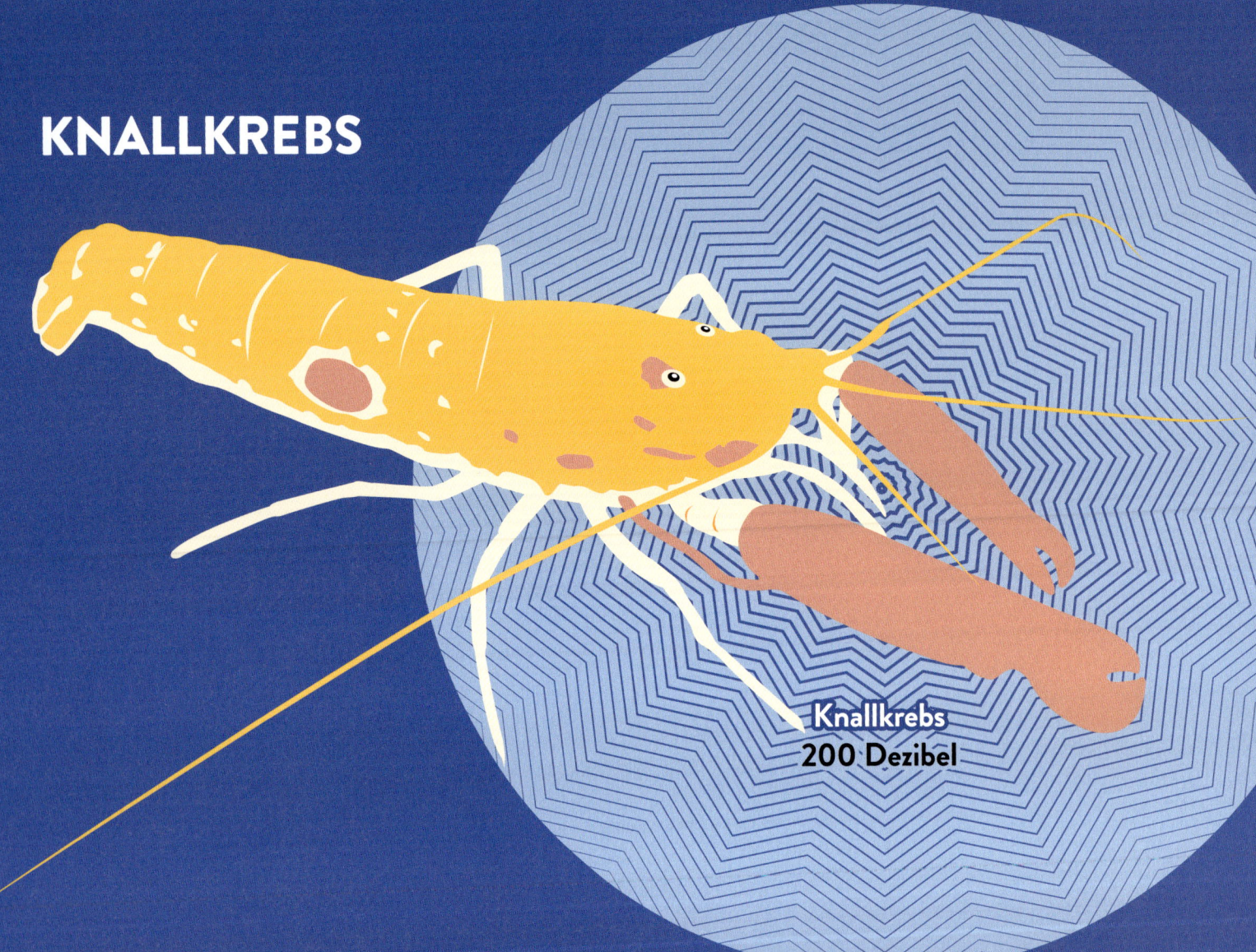

Knallkrebs
200 Dezibel

Das lauteste Tier der Welt

Welches Tier macht am meisten Lärm? Nein, weder ein brüllender Löwe noch ein singender Pottwal! Sondern der winzig kleine Knallkrebs. Oder vielmehr: seine rund 1000 Cousins und Cousinen innerhalb der Knallkrebs-Familie Alpheidae.

Sie bevölkern Korallenriffe und Seegrasweiden und sehen aus wie rot gepunktete Mini-Garnelen mit einer völlig überdimensionierten rechten Schere – einer echten Wunderwaffe: Sichtet ein Knallkrebs Beute, öffnet er das obere Stück dieser Schere mit einer Art Schnappmechanismus, als ob er einen Revolver entsichert. Dann schließt er sie so explosionsartig schnell, dass sich im Wasser Dampfblasen bilden, die – Boong! – mit einem bis zu 200 Dezibel lauten Knall platzen. Licht blitzt auf und das arme Beutetier fällt in eine Schockstarre oder stirbt sogar vor Schreck.

Nun muss der Knallkrebs nur noch mit seiner linken 08/15-Schere zugreifen und sich verstecken. Sonst riskiert er, dass ein neidischer Artgenosse ihn zum Knallkrebs-Duell fordert. Wie in einem Westernfilm stehen sich dann zwei Revolverhelden gegenüber, zücken ihre Scheren und ballern los. Der Lautere gewinnt, der Loser verzieht sich; unverletzt, denn Knallkrebse haben keine Ohren mit Trommelfellen, die platzen können, sondern Schutzklappen vor ihren Augen, die sie vor der Schockwelle schützen. Hat die Natur das nicht genial eingerichtet?

Im Ozean ist das Geballer über einen Kilometer weit zu hören. Für Tauchende, die in der Nähe einer Knallkrebs-Kolonie planschen, klingt es wie laut brutzelndes Fett. Im Zweiten Weltkrieg setzten die Mini-Tierchen sogar das Sonarsystem von U-Booten außer Gefecht:

**Düsenjäger
130 Dezibel**

**Löwengebrüll
114 Dezibel**

Abfangjäger der U.S. Navy konnten sich den Lärm in ihren Kopfhörern schlichtweg nicht erklären und vermuteten feindliche Störwaffen.

Die Detonation lässt sogar Glas splittern – als Aquarientiere sind die hübschen Krebslein daher nicht ganz so geeignet. Abgesehen von ihren Cowboy-Manieren sind Knallkrebse aber sehr soziale Wesen. Bei manchen Arten leben Weibchen und Männchen ihr Leben lang treu zusammen. Andere knüpfen symbiotische Beziehungen mit anderen Arten: Aus Dank für ein sicheres Plätzchen im Innern von Steinkorallen verteidigen sie ihre Gastgeber gegen die berüchtigten Dornenkronenseesterne. Die können Riffen buchstäblich das Leben aussaugen – sofern die tapferen Krebse sie mit ihrem Geknalle nicht zur Hölle jagen.

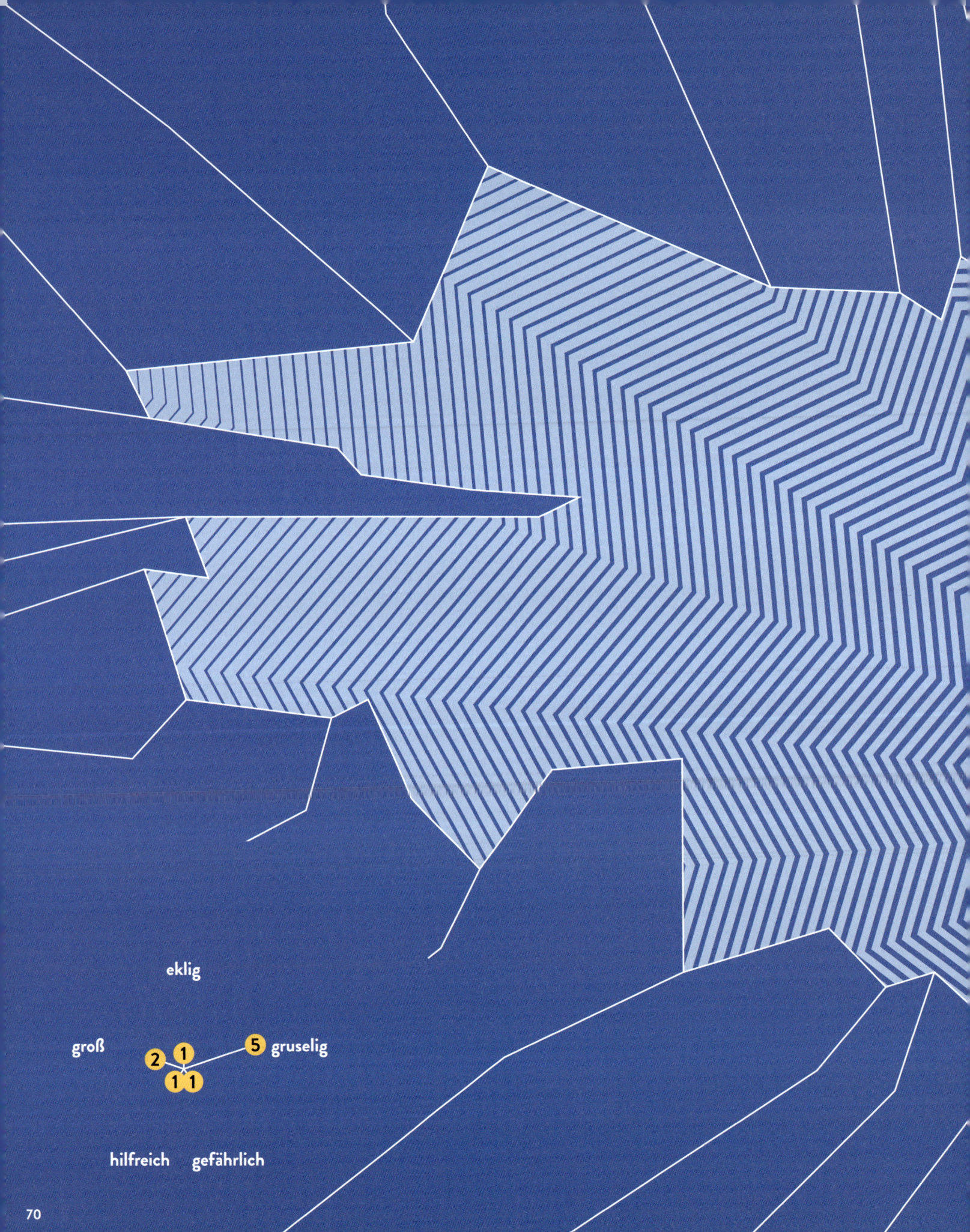

eklig

groß

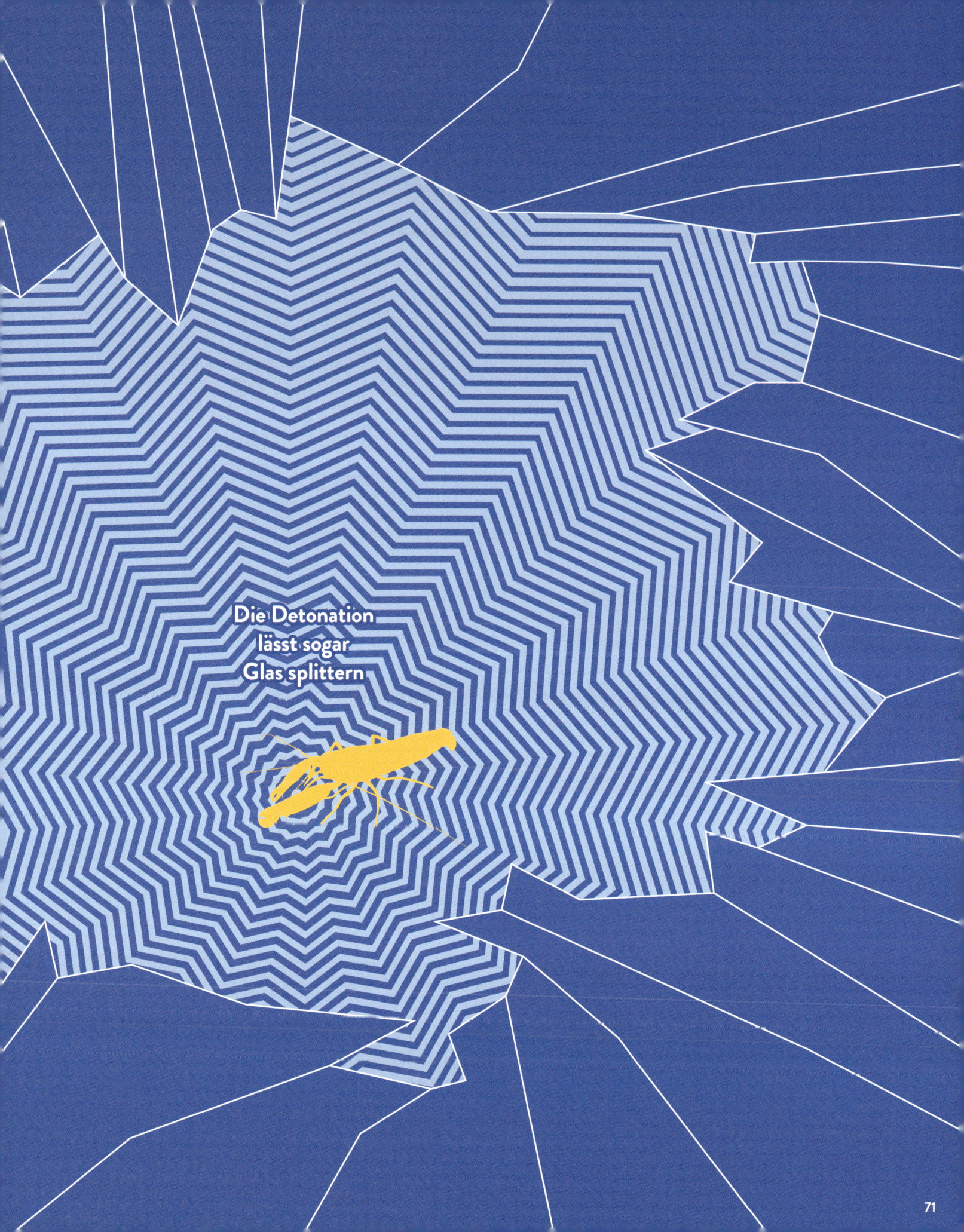

Die Detonation
lässt sogar
Glas splittern

KÖSTLICHKEIT MIT KRABBELTIER

Gegrillte Heuschrecken als Pausensnack, Mehlwurm-Burger zum Mittagessen, frittierte Larven auf dem Salat – warum nicht? In vielen Kulturen der Welt lassen Menschen sich seit jeher Insekten schmecken.

Nun wird es langsam auch bei uns ein Trend, denn die Krabbler sind gesund, nahrhaft, lecker und lassen sich viel umweltfreundlicher züchten als Rinder, Hühner oder Schweine.

Weltweit essen über
2 Milliarden Menschen (jeder 4.!)
regelmäßig Insekten.

Jeder Mensch isst
unwissentlich 1 Kilo
Insekten pro Jahr...

... weil z.B. in 100 Gramm
Pizzatomatensoße im Schnitt
30 Fliegeneier sind.

Calcium	Eisen	Magnesium	Vitamin C

Was müsste ein
Erwachsener
pro Tag essen, um
gesund zu bleiben?

100 g junge Heuschrecken	100 g Schmetterlings-raupen	20 g Baumwanzen	120 g Mehlwürmer

Verwertung

Futter

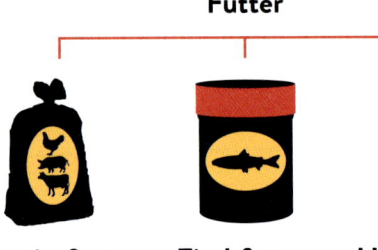 

Nutztierfutter
(statt Soja o.
Getreide)

Fischfutter,
Angelköder

Haustierfutter

Pharma/Kosmetik

Zahnpasta mit
Chitin, das aus
Krabbenschalen
gewonnen wird

Lippenstifte,
deren Farbe aus
Schildläusen
gewonnen wird

Maden
zur Wund-
säuberung

WELCHE INSEKTEN WERDEN GEGESSEN?

Insgesamt wurden im Jahr 2017 rund 2000 essbare Insektenarten identifiziert

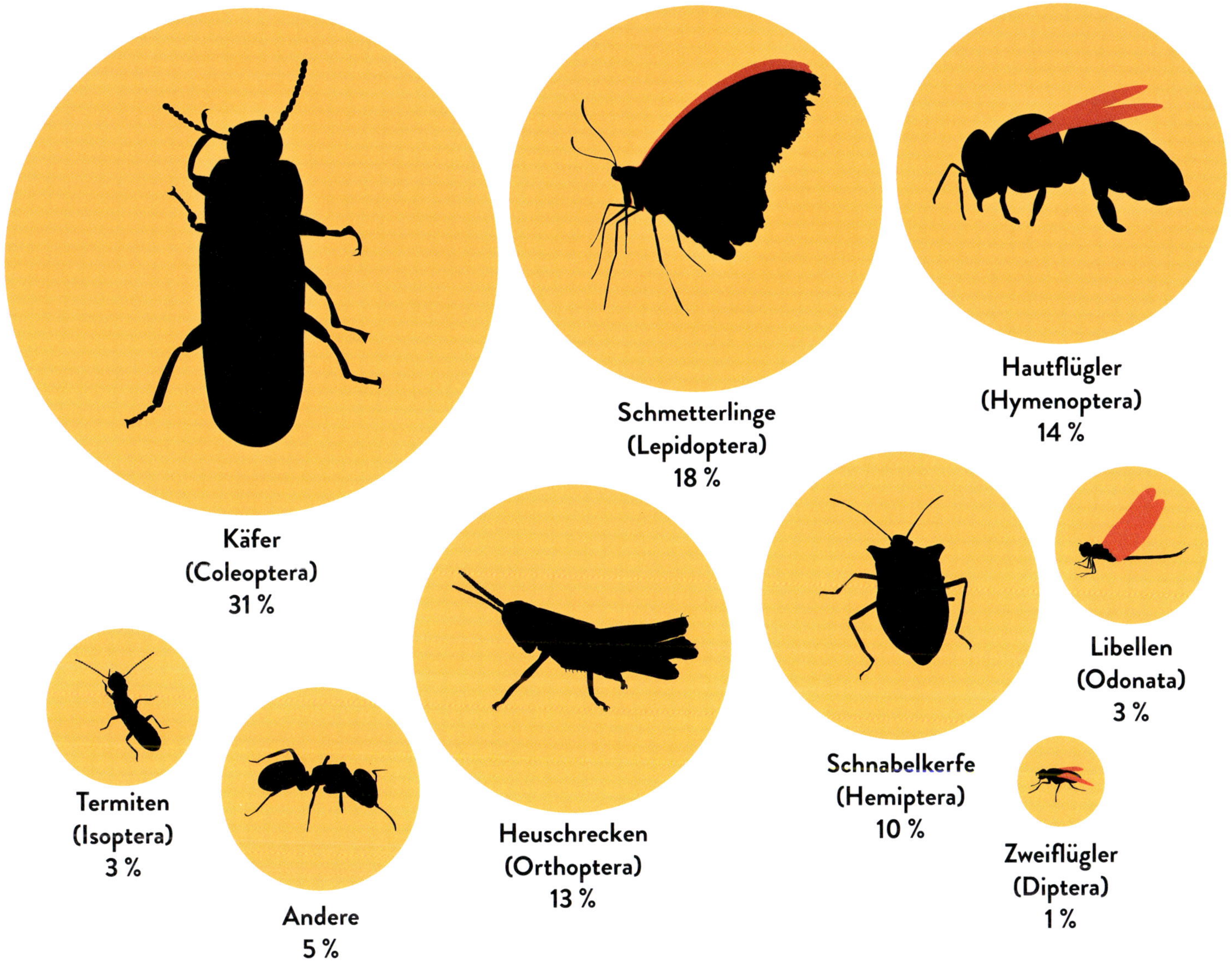

Käfer
(Coleoptera)
31 %

Schmetterlinge
(Lepidoptera)
18 %

Hautflügler
(Hymenoptera)
14 %

Termiten
(Isoptera)
3 %

Andere
5 %

Heuschrecken
(Orthoptera)
13 %

Schnabelkerfe
(Hemiptera)
10 %

Libellen
(Odonata)
3 %

Zweiflügler
(Diptera)
1 %

Nahrungsmittel

Andere Produkte

Reststoffe

Unverarbeitet
(z.B. Heu-
schrecken)

Verarbeitet
(z.B. zu Pasta,
Energieriegel,
Kekse)

Bio-Plastik
(aus Chitin)

Tinte/Farbe aus
Chochenille,
wird aus Schild-
läusen gewonnen

Seide
(von Seidenraupe)

Kompost
(= Dünger)

BEISSER

RATTE

Hallo, ich bin eine Wanderratte.
Meine Vorfahren stammen aus
Ostasien und haben sich über den
Schiffsverkehr fast auf der ganzen
Welt verbreitet. In Mitteleuropa
lebe ich seit dem 18. Jahrhundert,
zusammen mit der kleineren Hausratte.

Ratte in Lebensgröße

2 Zentimeter

Unglaublich, aber wahr:
Ich kann mich durch
so einen kleinen Spalt
durch zwängen!

eklig

groß   3   3   3   gruselig
        3   3

2   2

hilfreich   gefährlich

Die Welteroberin

Liebe Menschlein, ich hätte da mal eine Frage: Warum mögen mich eigentlich so wenige von euch? Ich bin doch eigentlich ganz süß mit meinem weichen Fell, dem Schnüffelnäschen und dem hübschen, langen Schwanz. Er hilft mir, beim Klettern die Balance zu halten, und klettern kann ich wirklich gut: Ich komme locker über Mauern und auf Bäume, kann in Keller einsteigen und über die Kanalisation in Abwasserrohre kraxeln. Wenn ihr die nicht sauber haltet und keine Sicherungsklappe einbaut, schaffe ich es sogar ein paar Stockwerke hoch bis in eure Toilette! Eure vor Schreck geweiteten Augen, wenn ihr den Klodeckel aufmacht und mich entdeckt, die sind wirklich kinoreif!

Dabei will ich euch gar keine Angst einjagen. Ich kann ja nichts dafür, dass ich nicht nach Schönheitssalon aussehe und rieche, nachdem ich durch euer Abwasser geschwommen bin!

Daher ein Tipp unter Freunden: Wir Ratten wuseln nur herum, wo ihr Menschen schmuddelig seid. Wo ihr Müll und Essensreste rumliegen oder eure Keller verstauben lasst. Riechen wir Brotkrumen, Hundefutter und andere feine Häppchen, zwängen wir uns vor lauter Appetit durch Spalten oder Löcher, die so schmal sind

wie der Durchmesser einer Zwei-Euro-Münze! Saubere Orte finden wir uninteressant. Da kriegen wir auch weniger Babys. Was leider stimmt, ist, dass wir Keime und Krankheitserreger übertragen können. Aber Achtung, Fake News: Die gefährliche Pest, die in Europa im Mittelalter tobte, haben nicht wir verbreitet, sondern Rattenflöhe – und die auch nicht allein, sondern gemeinsam mit Menschenflöhen und Kleiderläusen, wie aktuelle Forschungen ergeben haben.

Vielleicht gruselt ihr euch auch weniger vor uns, wenn ich daran erinnere, dass ihr nur dank der Millionen von Ratten, die ihr in euren Forschungslaboren züchtet, Medikamente entwickeln könnt. Indirekt sind wir also millionenfache Lebensretter!

Und auch direkt helfen wir euch gerne. Meine afrikanische Cousine, die Riesenhamsterratte, kann mit ein bisschen Training Minen und Sprengstoff erschnüffeln. In Ländern, wo früher Krieg war, warnt sie so Menschen vor Gefahr.

Bevor ihr also das nächste Mal „Ieeeh" ruft, wenn eine Ratte vorbeihuscht, sagt lieber „Danke!" – und fangt an zu putzen.

Aus zwei mach 800 bis 1000 – pro Jahr!
Ein Rattenweibchen kann alle zwei
Monate bis zu 12 Junge bekommen,
die schon mit acht Wochen alt genug
sind, um eigene Familien zu gründen.

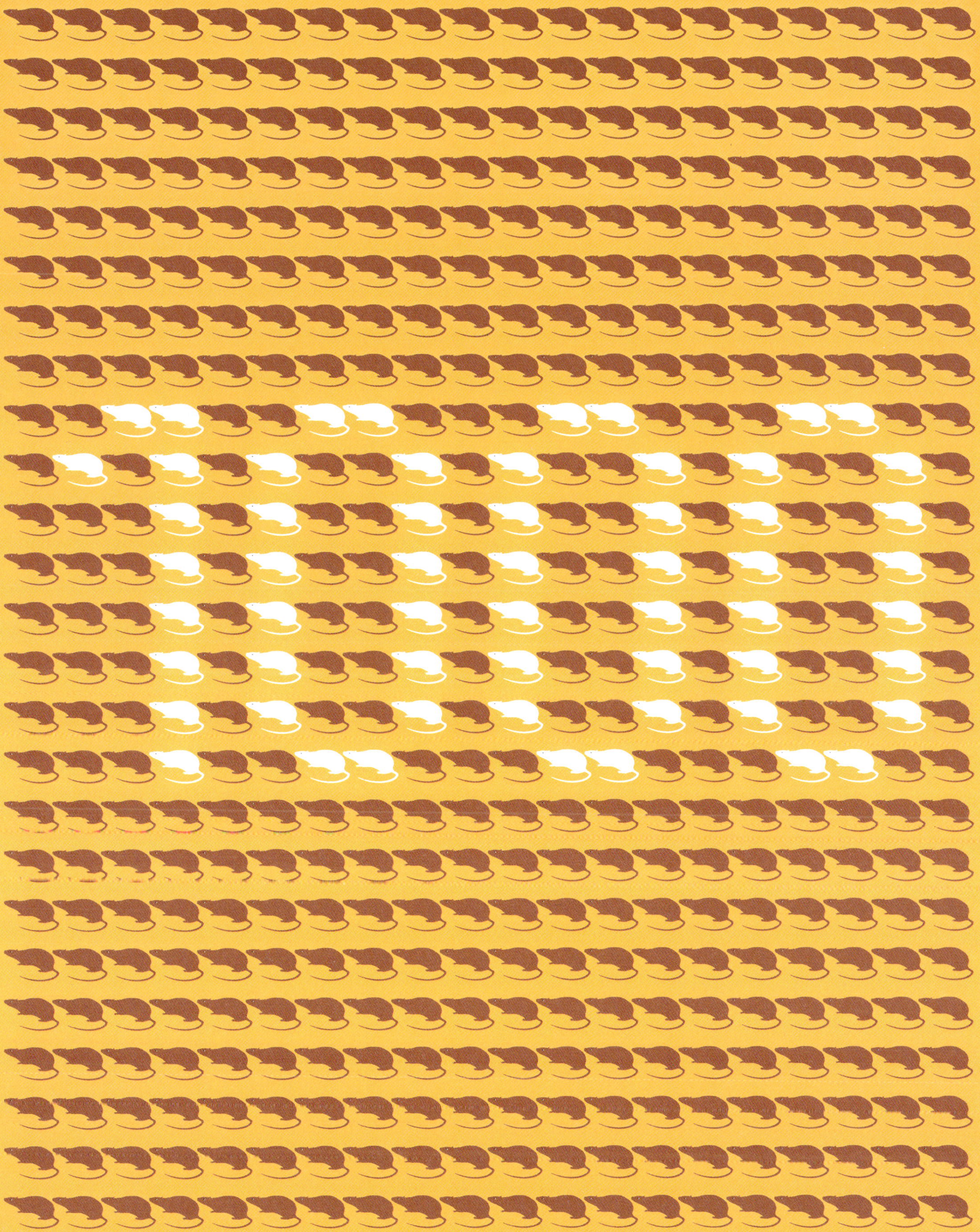
1000

Ratten können in einem
senkrechten Abflussrohr mehrere
Stockwerke hochklettern

Ratten springen nicht freiwillig
tief runter, aber wenn sie
stürzen, tun sie sich selten weh

Rattenzähne sind rattenscharf:
Sie können selbst härteste
Materialien wie Holz, Metall
oder Beton durchnagen.
Sind sie abgenutzt, wachsen
sie einfach wieder nach